走向成才：当代高中生健康发展研究

王伯荣 著

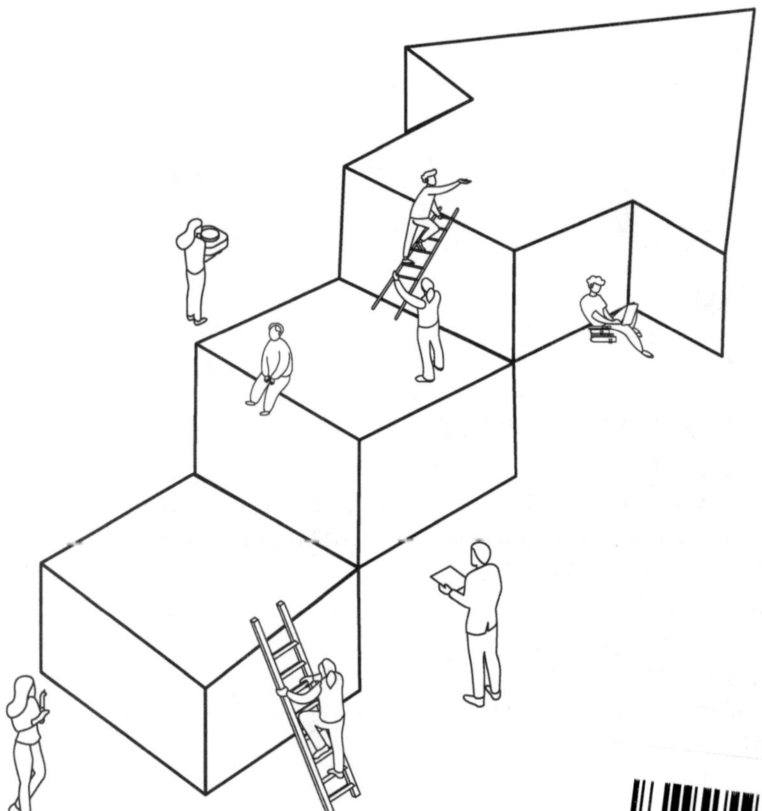

蘭州大學出版社
LANZHOU UNIVERSITY PRESS

图书在版编目（CIP）数据

走向成才 ：当代高中生健康发展研究 / 王伯荣著
. -- 兰州 ：兰州大学出版社，2019.11
ISBN 978-7-311-05728-2

Ⅰ. ①走… Ⅱ. ①王… Ⅲ. ①高中一教学研究 Ⅳ.
①G632.0

中国版本图书馆CIP数据核字(2019)第278230号

策划编辑　马媛聪
责任编辑　张　仁　马媛聪
封面设计　王宁雪

书　　名　走向成才:当代高中生健康发展研究
作　　者　王伯荣　著
出版发行　兰州大学出版社　(地址:兰州市天水南路222号　730000)
电　　话　0931-8912613(总编办公室)　0931-8617156(营销中心)
　　　　　0931-8914298(读者服务部)
网　　址　http://press.lzu.edu.cn
电子信箱　press@lzu.edu.cn
印　　刷　西安日报社印务中心
开　　本　787 mm×1092 mm　1/16
印　　张　12
字　　数　239千
版　　次　2019年11月第1版
印　　次　2019年11月第1次印刷
书　　号　ISBN 978-7-311-05728-2
定　　价　34.00元

摘　要

少年强则国强，高中生是国家与民族的未来和希望，其成长关乎国家前途。改革开放以来，中国经济建设成就巨大，教育事业也得到了较好的发展，尤其是中国共产党和中国政府对高中生健康发展非常重视，基于战略高度推出举措，使高中生身体素质、文化知识、思想品德都得到了较好的改善，取得了有目共睹的成就，获得了全世界的认可与赞誉。但在社会急剧转型的背景下，由于社会失范行为示范、西方腐朽思想文化影响、不良信息传播影响以及自身认识水平制约，高中生在学业成绩、政治认同、社会适应、人际交往方面出现诸多问题，需要得到关注与解决。本研究以此为选题，具有一定的现实价值与学术意义。

本研究采用文献分析法、问卷调查法、访谈法、统计法，通过对甘肃古浪县实地调研，探究了高中生健康发展问题，具体内容包括：高中生健康发展的基本现状与特征；家庭、社会、文化、课堂教学等因素对高中生健康发展的影响；思想政治教育的典型模式与经验；转化潜力生的问题及对策建议。

本研究的基本观点是：高中生健康发展是一个系统工程，涉及内外部多重因素，因此需要多方合力，在马克思主义与相关理论的指导下，坚持以人为本原则，实事求是，加大科学研究力度，理论结合实践，优化发展环境，提升高中生综合素养，为国家崛起培养合格人才；依据学生预期与感知现状，高级中学需要进一步重视环境建设，优化教师质量与结构，改善师生关系，丰富课外活动；高中学生心理健康问题不容忽视，需要教师与家长在社会适应、价值观形成、情感方面给予关心；家庭和社会关系对学生发展的影响是巨大的，会通过学习动机为中介变量影响学习成绩；高中生对县域文化历史、现状的认知不足，需要增强县域文化与基础教育耦合发展力度，增强高中生的县域文化认知与自信心，为文化发展提供教育支持，也使文化传承具备人才与教育支持；思想政治教育中，要将传统文化、社会热点与高考重点融入课堂教学，使课程理论故事化、课程知识交叉化、课程内容生活化，突出创新性、衔接性、有效性；古浪县第二中学等学校在潜力生转化方面积累了一定经验，需要借鉴相关模式，以理论为依据和指导，提升工作绩效。

目录

绪 论

第一节　研究背景

一、国外背景

1.教育活动多样丰富

国内高中生课后活动相对单一单调，受到的重视度不高，很多学生在课外活动时间看书做题、翻看手机或聊天，多样性不够。但国外学生则不同，由于全社会形成了全面发展的教育理念，很多大学将课外活动情况作为录取依据甚至是重要内容，特别看重学生在参加课外活动时表现出来的Passion（激情）、Commitment（承担、投入）、Leadership（领导能力）、Exceptional Talents or Accomplishments（超常的才能或成就），因此学生会利用可能的机会去参加各类活动，以开阔眼界和提升综合能力。以英国高中为例，课外活动会涉及各个行业，例如艺术、汽车修理与驾驶、体育锻炼、义工活动、花园修剪维修等。长期训练的结果是使学生兴趣多样，能力突出。

2.课程专业分设多样

国外高中教育的目标不但是为学生就学深造做准备，还要为学生个人兴趣实现、培养高中生成人做社会公民做准备。因此，为培养多样化的社会人才与满足学生的不同需求，国外高中开设了不同专业与课程。以法国为例，高中包括普通高中和技术高中两大类型，其中的普通高中又有多样类别，涉及文科、科学与社会经济。再如美国，基础性的必修课程涉及英语、自然科学、社会科学与数学，但门类比我国高中课程多，具体是自然科学中多了辩论，社会科学中多了经济学与心理学；选修课程则更多，涉及艺术（绘画、雕刻、摄影、舞蹈等）、职业课程、计算机、新闻出版、健康营养学等。这样的课程与专业设计有助于实现教育的多元目标和学生的自由发展。

3.研究性学习成为普遍现象

和我国高中的死记硬背与灌输知识不同，探究性学习制度在国外比较常见。他们的理念是，学生应该通过具体的实践探索活动来获得知识和增强能力。美国实施的是"设计学习""应用学习"制度，一些高中的高年级学生要完成一些科研项目，以了解社会现象，掌握研究方法，提升研究能力，学会适应社会，拥有学术质疑思维；有的学校要求学生必须在某个时期内到实验室等机构进行实际研究，对前沿科研项目有所了解。日本采纳的是"综合学习时间制度"，要求学生结合国际国内热点话题、区域性特色问题开展综合研究，提升他们解决问题的能力。英国高中将科研活动纳入成绩，要求学生必须开展实地调查与撰写论文。这种开放性、探索性、操作性与综合性很强的学习，不但较好地实现了基础教育与高等教育的衔接，也为整体提升国民素养打下了坚实的基础①。

4.高考压力其实不小

中外高考制度有很多不同点，如欧美很多国家虽然不似中国实施政府组织的、全国统一性的高考制度，但这并不代表国外没有高考考试制度、大学入学制度与人才选拔制度。例如，美国主要实施"学业能力评估考试"（SAT）和"美国大学测评考试"（ACT），其中SAT考试侧重考生的逻辑分析与归纳推理能力，ACT考试则侧重学科知识与理论；英国则是A-LEVEL考试（普通教育证书高级考试），课程涉及语言、数学、经济、文学等。还有，国外的高考不是一次性完成，很多国家可以允许学生参加多次考试，依据最高成绩参加竞赛；国外的高中生还可以依据自己的平时成绩、推荐信等入学，渠道相对较多。但国外高考竞争的激烈程度不亚于我国，成绩普通者很难进入世界一流院校深造学习，因此学生之间的学业成绩竞争压力不小。以韩国为例，由于国内知名高校数量不多，局限于首尔大学等名校，加之社会看重毕业学校和就业单位，使得高考竞争非常激烈，辅导班、补习班大量出现。日本也是如此，激烈的就业市场竞争使名牌大学学历与文凭的价值得到凸显，一个没有获得较好学历与教育背景者很难在就业市场上轻轻松松获得理想岗位，为了进入名牌大学，高中生读书非常刻苦努力，重读重考现象很多见。

5.学生问题五花八门

由于父母过高的离婚率、社会交往频繁、学生自由度大、学业压力大等，造成学生问题很多，心理健康问题、不良行为问题、暴力犯罪问题居高不下。有报道认为，由于学业压力大，很多美国中学生睡眠时间不充足，对身心健康和学习造成巨大影响，

① 崔允漷、冯生尧：《普通高中课程改革：世界性的课题与经验》，载《全球教育展望》2018年第47卷第10期。

也给教育教学与社会管理带来一定的压力。

6.发展研究与政策积极有效

研究方面，国外对高中生问题比较关注，研究起步较早，形成的理论较多，典型的有默顿的“越轨理论”“优势视角理论”“抗逆力理论”“家庭过程模式理论”等[①]；还开展了社会工作介入，如在性教育方面开闸了系列实验，有K.Coyle等实施的“行为式性教育干预模式”（Behavioral-Based Sex Education），B.Wang等实施的“认知式性教育干预模式”（Cognitive-Based Sex Education），Mahaja等实施的“亲子参与式青少年性教育干预模式”（Parents Engagement-Based Adolescent Sex Education），评估分析了高中生性行为与性心理，开展了有益的干预，取得了很大成效[②]。

政策方面，国外出台系列政策以支持包括高中生在内的青少年群体健康发展。以体育健康为例，美国落实了“动起来计划”项目；澳大利亚给予积极的财政政策支持，每年专门拨出1亿多澳元资助学校开展体育运动，推动实施“体育幼苗计划”等项目；加拿大则基于终身发展视角，通过税收免除政策支持落实“终身体育”项目[③]。国外的积极探索取得很大成效，为其他国家干预高中生不良行为提供了经验借鉴与理论指导。

二、国内背景

1.国家关注青少年全面健康发展，系列政策推动新型战略落实实施

百年大计，教育为本。在新时期，出现了很多新问题：世界交往频繁、冲突时有发生、信息铺天盖地、社会日新月异、怪事层出不穷等，这就要求我们国家和教育工作者要加以积极应对。中国共产党和我国政府高度重视教育事业，尤其是习近平总书记对高中生发展问题极其关心，做出过重要指示，有过重要论述，为工作开展提供了方向引领。如现实中，在高考升学压力下，一些难度大、有风险的锻炼项目（如跳箱、体操等）被取消，一些学校操场面积不够，一些学校体育课被挤占，造成学生体能下降。习近平提出“建设体育强国”，要求“从娃娃抓起”；2014年提出“人生的扣子从一开始就要扣好”，强调要做好青少年思想政治教育与核心价值观培养工作；2016年提出要加强思想政治教育，立德树人；2017年，在党的十九大会议上站在战略高度评价青年发展的重要性，认为“青年兴则国家兴，青年强则国家强”；倡导中学生参与国际交往，2019年对美国高中生来信给予答复，在海内外引发热议。在习近平新时代中国特色社会主义思想指导下，国家出台许多政策，落实若干举措，增强了高中生意志力、

① 席小华、金超然：《社会工作在不良行为青少年群体中的应用》，载《预防青少年犯罪研究》2019年第1期。

② 杨兴鑫、魏然：《国外青少年性教育干预研究述评》，载《中国性科学》2019年第28卷第2期。

③ 李卫东、王健、黄睿等：《国外青少年体质健康促进政策的经验与启示》，载《武汉体育学院学报》2017年第51卷第10期。

责任心、合作意识、爱国理念，为国家培养人才奠定了基础。

2.高考关乎很多国家与家庭利益，受到社会各界高度关注

我国是人口大国，人才选拔与人口治理历来是最高决策者与普通民众关注的大事。我国的考试制度源远流长，影响深远。在古代，我国实施的科举制度为国家选拔了大量管理人才，涌现出一大批治世能臣与武将，维护了社会稳定，为国家经济社会与文化发展奠定了坚实的人才基础，也为社会阶层流动提供了制度保障，并且给全世界考试制度带来了巨大影响。在当代中国，高考又是社会人才流动渠道之一，其以公平性、严肃性、选拔性备受瞩目。但由于高等教育优质资源依旧比较稀缺，各个地区资源分布差异很大，高考竞争激烈程度依然不小。由此，高考关乎很多家庭的命运，关乎很多青少年未来的发展。具体说来，高考自主招生是为了探索一条更好的录取模式，为高考改革和人才选拔提供新的思路，虽然取得的成绩是第一位的，但也存在一定的不足。依据最初招生原则，录取考生包括三大类型：一是高中阶段学习成绩优秀、综合实力强或取得优秀荣誉称号的高三毕业生；二是在一定领域具有学科特长，在各类竞赛中获得奖励的考生；三是高中阶段在科技创新、发明方面有突出表现并获得奖励的考生。但现实与理想总是有点差距，由于一些地方依旧还是按照成绩来选拔优秀学生，致使自主招生和全国统考区别不大；为进入理想高校，获得将来就学就业的基本资格与资质，很多学生刻苦求学，精神可贵，但也有一些人投机取巧，违法作弊，或者不思进取，荒废青春，失去最佳学习时机，留下遗憾；一些人为使学生进入理想院校，为将来的生活与发展获取最大利益，利用各类渠道，形成“高考移民”；个别高校某些工作人员，出于私利，泄露高考试题信息，造成严重后果，也使自己身败名裂；由于就业压力大，就业市场供需双方存在信息不对称现象，招聘者无法在短期内获得应聘者的信息，只有通过其就读学校来判断，所以知名大学、顶尖大学毕业生就业竞争力很大，普通院校毕业生在市场上会受到“歧视”，这导致名牌高校、一流院校毕业生在就业竞争中具有很大优势，因此很多人宁愿选择复读，也不去一般院校上学，结果是就业压力增大，就业形势严峻，市场对人才的要求越来越高，高考竞争依旧特别激烈。最近几年国家对职业教育的发展理念不断改变，2018年国务院印发了《国家职业教育改革实施方案》（也被简称为《职教20条》），对职业技术教育的重视度明显增大，很多家长观念也发生了变化，对职业教育前景表示看好，一些职业技术学院招生录取非常火热。总之，在市场经济不断深化的背景下，高考的受关注度和重要性有增无减。

3.高考制度不断改革，学生素养提升机会增多

为适应国家发展新形势，我国高考制度（命题制度、考试制度、招生制度、录取制度等）不断发生改革，20世纪90年代后期实行扩招，目前实施自主招生录取等制度。我国高考改革的每一个举动都吸引着世界的关注。目前，在高等教育成为大众教育背景下，我国继续对高考制度做深入改革，北京、天津、上海、浙江等地成为试点

省区，招生规模扩大、招生录取比例提高、招生方式多样、对外交流频繁是典型特征，侧重学生综合素质提升与人才选拔科学合理是基本原则。一些学者还提出新的建议，呼吁实行高考报名社会化，对人口大省、西部省区、边疆民族地区、革命老区、贫困地区扩大招生名额，合理降低英语成绩所占比例，使高考制度不断得到完善，为改革提供了很多方案。此外，国内颇受议论的高考成绩受到国外认可，如英国剑桥大学、伯明翰大学等宣布，接受认可我国高考成绩，我国高中学生可依据成绩申请入学。这为高中生深造学习和成才奠定了高考制度基础。

4.学生身体素质整体提升，但身心健康问题亦有出现

由于国家经济势力不断提升，国民家庭收入倍增，科技医学技术不断发展，国民人均寿命、预期寿命、健康状况整体大度提升，中学生整体健康状况也得到了改善。但与此同时，由于社会转型加剧，中学生也面临学业竞争、人际关系、心理感情等众多问题，加之学校管理制度的弊端、体质健康教育的缺失，健康问题开始出现：一是心理健康问题。在体检时，医生或仪器检查不出患者身体内部有器质性疾病，但患者感觉不是特别良好，存在记忆力下降、焦虑、食欲不振、胸闷等明显的症状；有些学生由于家庭变化等缘故，或者性格暴躁，或者内心压抑，或者容易冲动，对自身与社会造成不利影响；有的由于同学关系和考试成绩等要素，形成逆反心理，离家出走。以作者所在的古浪县调查为例，很多学生有考试焦虑心理，考试前后都非常紧张，有的出汗，有的发抖，有的呼吸急促，有的尿频，有的失眠，这不但不利于考试，也不利于健康，有的人甚至从此患上了心理疾病，长期难以改变。究其原因，主要在于害怕自己考不好受到别人笑话，害怕再次失败，害怕考不好对不起家长，害怕失去上好大学的机会，担心自己复习不充分等。二是身体健康问题。许多高中生运动频率很低，运动锻炼的持续时间很短，运动锻炼强度不高，与成长发育需要不符，与《国家中长期教育改革和发展规划纲要（2010—2020年）》《普通高中体育与健康课程》（2017年版）要求不符。由于缺少必要的体育锻炼，许多学生身体素质和运动技能降低，有新闻报道称：在广州、武汉等城市的体育比赛与军训中，都有学生晕倒等事件发生。整体看，青少年在身高、体重、“三围”（胸围、臀围等）方面发育基本良好，但奔跑速度、力量、持久运动时间等方面的技能与素质很不理想，形成了一种特殊的“体育堕距”现象[①]；一些高中生过于肥胖，还有高血压等疾病；由于长期看书、过度使用电子产品、缺少休息、读写姿势不正确、缺乏眼健康知识等原因，近视率居高不下（以甘肃省高台县为例，高中生近视率高达86.69%[②]），这可能会导致国家在航空航天、精密

① 邹如铜：《青少年“体质堕距”：社会学归因与协同化治理》，载《广州体育学院学报》2019年第39卷第2期。

② 邢彬：《甘肃省高台县2018年儿童青少年近视调查分析》，载《疾病预防控制通报》2019年第5期。

制造、军事等领域符合视力要求的劳动者供给量不足，对国家安全有所影响[①]；一些学校对体育课持忽视和不重视态度，认为没有语、数、外等文化课与高考必考课程重要，导致学生对体育课不重视，没有形成积极锻炼的正确意识、兴趣，长期下去，自然体质较差，体育知识、体育习惯、体育精神欠缺[②]；一些经济条件较差的家庭的学生为了节俭节约，对新鲜水果、蔬菜、牛奶等摄入严重不足，达不到健康成长所需要的营养标准，虽然没有患上疾病，但体质不良。这些都给学生的健康发展带来了诸多不利影响，严重阻碍了国民素质的提升，不不利于健康中国的建设。

5.社会思想文化交流扩大，高中生各类不良行为增多

随着中国改革开放的不断深入，信息技术的不断发展，网络的普及，中学生文化思想交流程度、力度和深度不断加大，这虽有助于开阔学生视野，但也会带来不利效应。如国外极端个人主义、享乐主义等思潮会对涉世不深的中学生造成影响；由于思想认识不到位，一些青少年对不健康的亚文化怀有好感，吸烟、饮酒甚至打架斗殴，或者阅读观看色情淫秽书刊、影像，受到的毒害不可低估；由于自身自制力不足，学校监管与宣传教育不到位，法律意识淡漠，一些学生还会发生犯罪违反行为。在人生观与价值观方面，一些学生认为财富、权力、地位才是成功的标志，对理想和信仰表示怀疑，认为自己奋斗的目标就是为了改善自我生活，缺少爱心和同情心，自私，偏执，对现实了解不够，喜欢说谎。社会规则与制度遵守方面，违纪违规违法者不乏其人，《我国青少年法治教育发展报告（2018）》披露，在我国普通高中和职业高中学生法律常识了解、法律意识均不如初中生和小学生，高频违法犯罪行为严重，已到了不得不重视的地步。还有，由于营养的丰富、观念的改变、思想认识的不到位、性教育与监管的缺失，导致高中生性知识严重不足，而网络上色情有害信息的泛滥，虽然促进了高中生对性与生殖知识的增加，但也导致了一些高中生性态度不准确，性行为发生率不低，发生堕胎、早产等事件，给自己、家庭与学校带来极其不利的影响。如辽宁某中学两名刚参加完高考的学生，为吃喝玩乐不惜网络诈骗，最后被警方抓捕，付出了巨大的代价。作者所在的古浪县，也发生数次高中生不良行为甚至犯罪事件的发生，如2004年某高中年级学生聚众喝酒，因为琐事发生矛盾，并将前来劝架的一位学生打死；2016年，古浪一高中生由于受到教师批评，回家后直接跳楼导致身亡，发生的惨剧令人惋惜不已。虽然这些现象得到了有效遏制，但其带来的教训不可谓不大，存在的问题不可不思考，未来应对机制不可不完善。

---

① 邹如铜：《青少年"体质堕距"：社会学归因与协同化治理》，载《广州体育学院学报》2019年第39卷第2期。

② 赵妍、王朝军、董德龙：《我国青少年身体素养测评结构研究》，载《沈阳体育学院学报》2019年第38卷第2期。

第二节　相关概念界定

一、健康

关于健康的概念，学术界有不同认知和界定。具有代表性的健康定义，有如下几类：

一是“没有疾病说”。也就是说，人体机体处于一种正常运作的状态，身体内部没有任何疾病产生，处于一个没有疾病的良好状态。中国经典文献《辞海》对此有过研究，其中给出的健康定义是：“人体各器官系统发育良好、功能正常、体质健壮、精力充沛并具有良好劳动效能。”这是传统的健康观，认为身体健康是个体细胞、组织、器官系统和整个机体功能与状态良好。一句话，健康就是“无病、无残、无伤”。

二是“身心健康说”。现代养生学者宋一夫率先对健康认知做了大胆突破，基于心理角度做了分析，认为“养生之前必先修心”，心理健康和生理健康同等重要。至于什么是心理健康，学术界又有不同界定，如王斌（2006）认为心理健康内涵宽泛并且比较复杂，是一个综合概念；徐传青、陈文钊（2000）认为只有满足三个标准，才可以被看作是心理健康，这三个标准是：一是有健康的心理和完整的人格；二是人际交往中有充分的安全感，能够保持正常的人际关系；三是有生活目标，积极进取；二是赵锡冯（2007）认为心理健康是个体在心理上具有一种高效、满意、持续的状态[①]。此概念促进了人类对健康的认知，对健康的机理有了更深入的探究，如现代科学研究表明，个体如果心理状态不佳，长期下去会出现焦虑、紧张等，导致内分泌紊乱或自主神经紊乱，抵抗力下降，影响健康水平；反之，个体即使有病，如果心理乐观，痊愈时间会大为缩短，身体会逐渐由衰弱转为强壮。

三是“三维和谐说”。伴随着社会的发展和科学的进步，人类对健康的认识也发生着重大变化。1948年，世界卫生组织（WHO）对什么是健康给出新的定义，认为“健康是身体上、心理上和社会上的完满状态，而不仅仅是没有疾病和虚弱的状态”[②]。也就是说，所谓健康就是不但躯体没有疾病，在心理上没有不良反应，还要在社会适应

① 赵锡冯：《基于网络环境的大学生心理健康教育策略研究》，西北师范大学，2007年。

② 周博闻：《美国健康服务业发展研究》，吉林大学，2018年第23页。

方面呈现良好状态，即“个体在环境适应的过程中，生理和心理与社会发展达到协调的进程”①。

四是“权利说”。认为健康是人的基本要求，不管种族、宗教、政治信仰和经济状况，任何人与群体都应该具备健康，享有健康。

五是“权利与义务说”。朱素蓉、王娟娟等（2018）认为健康不仅仅是一种基本权利，也是一项人类最基本的义务②。

六是“四维和谐说”。世界卫生组织（WHO）在1989年提出新的观点，认为健康应该包括身体健康、心理健康、社会适应良好和道德健康几个层面；也有学者认为健康包括身体、精神、环境和社会方面的综合适应和谐。

七是“五维和谐说”。认为健康应该包括身体、情绪、社会、智力和心灵五个方面的和谐。

八是“六维和谐说”。丁小宸（2018）认为在现代社会，健康必须体现在身体、心理、社会、道德、心灵、环境六个方面，并且在各个方面要呈现出协调状态③。

八是“多维和谐说”。这是最新界定，认为健康内容包括躯体健康、心理健康、心灵健康、社会健康、智力健康、道德健康、环境健康等。

九是“资源说”。世界卫生组织（WHO）在人类认识不断发展的基础上，提出新的概念，认为健康是一种生活资源，是个体处理压力与实现某种愿望的一类能力④。

十是“生活方式说”。Schroeder S.（2013）等学者的观点比较“大胆”与“前卫”，认为健康不是没有生理疾病，而是可以容许伴有身体疾病，甚至有时候可以有不治之症，但必须是有科学合理的生活方式，身心功能正常，即具有功能性健康⑤。实际上，在现代社会，只有具备良好的生活方式，个体才可以精力充沛、心情愉悦地从事生产生活等各类活动。

综上所述，伴随社会发展，学术界对“健康”一词的界定体现出了明显的时代性、阶段性、演化性特点，最初强调肉体无疾病，目前强调整体和谐。基于此，本研究认为，所谓“健康”是一种身体系统的整体良性运行状态，评价健康与否的标准具有综合性、多维性，健康不但是指身体没有任何形式的生理疾病，还包括心理、精神、社会、思想道德、价值观等方面的和谐平衡。具体判断依据很多，包括：精力充沛，身

---

① 刘鑫：《高校研究生心理健康教育研究》，东北石油大学，2018年第3页。

② 朱素蓉、王娟娟、卢伟：《再谈健康定义的演变及认识》，载《中国卫生资源》2018年第21卷第2期。

③ 丁小宸：《美国健康产业发展研究》，吉林大学，2018年第25页。

④ Nordenfelt L.，“The concepts of health and illness revisited”，*Medicine Health Care & Philosophy*，2007，10(1)：5.

⑤ Schroeder S.，Schmid S.，Martin A.，et al. “On Living a Long，Healthy，and Happy Life，Full of Love，and with no Regrets，until Our Last Breath”，*Verhaltenstherapie*，2013，23(4)：287-289.

体很有活力，不感到疲劳；睡眠良好，没有失眠多梦现象；器官功能良好；外表肌肉、头发、牙齿等完整良好；心理无疾病，没有紧张、焦虑等状态；人际关系良好，对社会的适应程度较好；价值观符合社会发展与时代需要，不偏激，不固执。

表绪-1　健康概念内涵演化示意表

发展阶段	身体没有疾病	心理状态良好	社会适应程度良好	道德价值观等良好
初期阶段	√			
发展阶段	√	√		
深化阶段	√	√	√	
目前阶段	√	√	√	√

二、发展

关于发展，学术界有不同认识。经济学中的发展指的是经济发展，社会学中的发展指的是社会发展。经济发展最初就是经济增长（Economic growth），即国民财富的增加，衡量标准是GDP或GNP，侧重的是量的扩张或规模的扩大；后来其内涵得到深化，外延有所扩大，开始强调质量和效益，包括经济增长总量、结构、质量的改变与优化，具体指标有产品和劳务增加指标、技术指标、产业与消费等经济结构改变指标、国民医疗卫生条件与健康水平改善指标、教育文化程度改善指标、资源利用与生态环境优化指标、区域发展差距改善指标等①。社会发展指的是社会质的变化和的量的不断发展，是一个动态过程，包括从低级向高级的演化，以及纵向的各个组成部分的结构优化；社会发展和社会进步的意思基本一致。本研究中的“发展”不是经济发展，也不是社会发展，而是指“人的发展”，是人自我能力和本性得到施放的过程，包括人的健康提升、本性的自我解放、自身劳动能力和精神文化素质的提升、需求的满足、道德水平提升与思想价值观念的完善等。人的发展应该是全面的，不局限于物质身体、社会适应或者心理精神维度的某个方面；人的发展应该是可持续的，要保障人口数量和结构的优化；人的发展应该是和谐的，不是关系僵化的；人的发展应该是充分的，不是受到约束的。

三、健康发展

顾名思义，所谓“健康发展”就是“健康”和“发展”两词的合并，指的是人在身体、心理、思想、道德、社会上呈现出一种完满状态，并且不会由于外部和内部变化而中断，能不断朝着更高级、更加良好的方向质变的过程。

---

① 肖周燕:《中国高质量发展的动因分析——基于经济和社会发展视角》，载《软科学》2019年第33卷第4期。

谈到健康发展，需要提到的另一个概念是“健康成长”。两者有联系、有相同点，也有明显的区别。联系和相同点是都侧重强调人个体与群体的变化，区别在于“健康成长”指的是未成年人身心健康地长大成人，从幼稚逐渐走向成熟，而健康发展强调的是人的发展因素、过程以及结果，指的是人克服各类障碍因素获得巨大进步与最终成功。理解“人的健康发展”时，要消除一些误区，例如认为这里的人就是所有个体，这里的健康发展就是所有方向、所有能力或方面的发展，实际上人的健康发展指的是在技术越来越发达的工业社会或后工业社会背景下，人类社会或个体要获得自由而全面的发展，获得幸福，而不是人呈现异化趋势（如道德沦丧、体能衰退、价值观扭曲、人际关系淡漠等），或者发展中出现单向度的畸形发展。人的发展指标和具体表现包括人自身征服自然与改造自然的能力提高、社会关系不断发展、人的个性得到尊重与发挥、人的需求需要得到不断满足[①]。在中国进入社会主义新时代背景下，面对腐败、自私、阶层分化等社会现象，研究人的健康发展具有重要意义。

第三节　文献述评

一、高中生研究述评

1.课程学习问题研究

不同学生面临的课程问题不同，对策也有所区别。学者们针对不同学科或不同问题，提出不同对策。赵鑫雨（2019）分析了高中生在物理学习时遇到的常见困难，分析了原因，认为和心理门槛、思维瓶颈、教师工作方式有关，应该做好初中高中知识衔接、讲解好物理规律、加强实验教学[②]；丁五一（2019）认为高中生在物理学子中偏好依靠和使用计算机来分析数据，数据分析能力不高，应该培养学术物理学的数据分析能力，在物理教学中强化数学处理，不可弃用手工处理[③]方式；刘祖承（2019）基于调查认为，农村生源高中生历史学习方法单一，应该采取阅读教材、听课、实践学习

① 马赟帅：《当代中国实现人的发展的现实途径与趋势研究》，兰州理工大学，2016年。

② 赵鑫雨：《高中生物理学习困难分析及对策研究》，载《中国校外教育》2019第7期。

③丁五一：《高中生物理数据分析能力培养的若干思考》，载《中学物理教学参考》2019年第48卷第4期。

和记忆等方法，以提高历史成绩[①]。赵慧颖（2019）认为高中生英语成绩与学习兴趣有关，但目前很多学生难以有很高的兴趣，应该采取情景教学法（包括英文环境法、道具学习法、趣味游戏法），帮助学生掌握学习方法，学习单词、英语语法，以提升成绩[②]；董曼霞（2018）分析了高中生英语学习动机类型，认为包括个人发展、交流、外部要求三类，其中交流动机最弱，应该加强交流动机，改善英语学习动力[③]；蔡竞（2018）认为高中生语文写作能力问题不容忽视，对策是加强阅读、加大对生活的观察、养成拟定提纲的意识、勤练、教师常指导写作等[④]；周玉琴、鲁海波、郑欣进（2018）基于表现性评价，分析了高中生地理实践能力问题，认为应该在课题目标设计、课题任务设计、过程记录、评价反馈方面做好工作[⑤]；杨晗（2018）认为许多学生对哲学学习感到很有压力，应该基于舶来品视角加以看待，让中学生多了解时政新闻和相关信息，以扩大信息量，加强对外来知识与现象的认知，从而提升哲学思维能力[⑥]。

2.日常生活与行为研究

高中生消费结构方面，周芷岚（2019）认为存在的问题是不具备理财观念，攀比与享乐主义倾向显著，特点是消费方向趋于多样，应该培养学生基本的消费观念、理财观念，避免不良消费行为与心理形成，形成良好消费结构[⑦]。

消费行为方面，刘思阳（2019）认为存在很强的集聚效应，消费支出项目主要是购买书籍、饰品、生活用品等，消费支出数额为100～150元/月，应该加强管理，形成健康的消费行为[⑧]。

运动行为方面，蒋文丽（2019）认为整体运动行为水平不高，运动频率与持续时间不理想，应该树立体育锻炼和运动理念，加大运动训练，提高学术身体素养。为此，教育行政机关工作者、教师、家长等应该积极努力，互相配合，形成合力[⑨]。

健康行为方面，严文悦（2019）认为整体状况较好，但也存在一些不利健康的危

① 刘祖承:《农村生源高中生历史学习方法初探》,载《中国农村教育》2019年第8期。

②赵慧颖:《浅谈如何利用情景教学法提升高中生英语学习兴趣》,载《课程教育研究》2019年第8期。

③ 董曼霞:《高中生英语学习动机类型及其影响因素》,载《基础外语教育》2018年第20卷第4期。

④ 周玉琴、鲁海波、郑欣进:《基于表现性评价的高中生地理实践力培养研究》,载《中学地理教学参考》2018年第23期。

⑤ 蔡竞:《论析高中生提升语文写作能力的方法》,载《课程教育研究》2018年第47期。

⑥ 杨晗:《从舶来品看高中生哲学思维能力的培养》,载《中国校外教育》第2018年第34期。

⑦ 周芷岚:《小议现阶段我国高中生消费结构问题》,载《现代营销》(经营版)2019年第2期。

⑧ 刘思阳:《西安市普通高中学生的消费习惯和周边中小商铺的经营特征——基于唐南中学及周边的实地调查》,载《中国新通信》2019年第21卷第5期。

⑨ 蒋文丽:《高中生运动行为调查分析——以贵州省铜仁市为例》,载《新西部》2019年第8期。

险行为，主要是喝低质量饮料、吃零食代替正餐、不吃肉、服用减肥药等，需要及时开展健康教育，引导学生形成良好的行为习惯①。

3.特殊事件研究

负性生活事件方面，赖舒旋（2019）认为主要是考试成绩不理想、课业负担大、没有朋友等，负性生活事件具有年级差异，独生子女与非独生子女之间也具有显著差异。学校教师与管理人员应该依据此结论，加强对不同年级与家庭环境出生的学生教育，化解苦难，营造良好环境②。

校园欺凌现象方面，王健、李春玫、谢飞等（2019）调查发现江西省高中校园欺凌率为26.6%，影响因素是不良行为（饮酒、打架、上网），父母关心是保护因素。教育部门、教师、家长应高度重视，积极开展行为干预，共同创建健康发展的良好环境③。

作弊行为方面，陈建业（2018）研究发现一些低年级高中生会有作弊行为，原因是心理紧张、虚荣心、缺少自信、没有法制与纪律观念、学生反叛意识增强等，应该针对作弊原因开展教育，帮助学生改变不良行为，形成健康学风④。

校园贷方面，肖泽雨（2019）认为存在的问题是行为隐蔽、利息很低但会发生骗贷等严重事件，应该帮助学生形成基本的法制观念，形成合法借贷关系，对变相高息与犯罪应加以制裁，保障学生的合法权益与消费需求⑤。

4.核心素养问题研究

整体状况方面，罗琰文（2019）认为学生对核心素养的认知存在很多问题：认知度较窄，不了解其内涵与价值；重视程度不高，并且各相关主体之间的重视程度有很大差异；学生参与不积极，满意度不高；应该强化学生认知，增强具体实践效果，真正促进学生发展⑥。

政治认同是核心素养的内容之一，高中生思想政治教育中的核心素养能力提升时，李曦（2019）认为需要采取如下对策：以高考引领学生形成政治认同，在政治试卷、书本、课程中充分体现正能量；避免单纯的知识灌输，而是大胆采用情景教学，使学

① 严文悦：《青少年饮食与减肥相关健康行为调查分析——以南京市高中生为例》，载《现代商贸工业》2019年第40卷第8期。

② 赖舒旋：《高中生负性生活事件与人际信任的相关研究》，载《中小学心理健康教育》201年第7期。

③ 王健、李春玫、谢飞等：《江西省高中生校园欺凌影响因素分析》，载《中国学校卫生》2018年第39卷第12期。

④ 陈建业：《谈谈对预防高中生作弊行为的看法》，载《才智》2018年第34卷。

⑤ 肖泽雨：《高中生校园贷的现状分析及法律思考》，载《科技风》2019年第4期。

⑥ 罗琰文：《高中生综合素质评价实施调查分析——基于评价对象视角的调查》，载《西部素质教育》2019年第5卷第5期。

生参与其中，提高兴趣；教材内容要结合学生生活；积极开展社会实践活动，结合热点问题，加强政治认同[①]。

目前我国生态文明建设取了得很大成就，但环境问题和压力依旧存在，冯湘宁（2019）认为应该培养高中生生态环境与伦理意识，在生活中拒绝浪费与污染环境，对垃圾做及时处理与回收，提倡步行、骑单车，在日常生活中保护生态[②]。

法治意识方面，程海梅（2019）认为高中生缺少很好的法治作用观念，维权意识不强，法治与法律知识欠缺，应该在思想政治学科中增加相关内容，在课堂上培养学生法治与法律意识，使学生知法、守法、用法，保护自身基本权益，为健康发展提供必要的法律知识保障[③]。

5.心理健康研究

学术界首先对健康标准、确定原则有很多探索，如江光荣（1996）认为包括“众数原则”与“精英标准”；叶一舵（2001）认为应该在生存性标准与发展性标准基础上，体现出“自我实现”理想标准；另外一类学者与组织则侧重评价指标体系，如世界卫生组织确定了100个评价指标，包括健康状况、风险因素、服务覆盖、健康系统四类指标。其次是对心理健康标准有进一步的细化研究，如范增丽（2015）提出十大心理健康标准，评价指标主要是安全感和成就感、自我批评、行为主动性、人际关系、挫折承受力、满足需要能力、自我认识能力、价值观、生活目标、环境适应力[④]；刘鑫（2018）提出心理健康的标准，认为表现在环境（自然环境和社会环境）适应力、人格本质的高尚度、心理行为的成熟度三个方面[⑤]。

高中生心理健康态势及影响因素方面，一部分学者基于整体视角展开分析，如刘于雅（2018）认为中学生在心理上出现了很多问题，包括焦虑、意志薄弱、自卑等，原因涉及自身、家庭、学校与社会四个层面[⑥]；一部分学者则基于不同视角展开分析，如刘晶芝、胡燕燕（2019）分析认为父亲教育影响中学生心理健康，表现在感情、身体互动、关系、与父亲学历、父母关系、感知、母亲对父子关系的看法等方面[⑦]；白琦（2018）分析了影响寄宿高中生心理健康的因素，认为主要有学生个人自身生物学因

① 李曦：《高中生政治认同的培养策略探析》，载《才智》2019年第9期。

② 冯湘宁：《浅谈如何培养高中生的生态环境意识》，载《现代农业》2019年第2期。

③ 程海梅：《浅议依托校本课程培养高中生法治意识》，载《思想政治课研究》2019年第1期。

④ 范增丽：《家庭环境对青少年心理健康的影响及对策研究》，聊城大学，2015年第3页。

⑤ 刘鑫：《高校研究生心理健康教育研究》，东北石油大学，2018年第8页。

⑥ 刘于雅：《当前中学生心理健康问题的典型表现与应对措施探讨》，载《湖南人文科技学院学报》2018年第35卷第5期。

⑦ 刘晶芝、胡燕燕：《父亲教育对中学生心理健康的影响研究》，载《预防医学》2019年第3卷第4期。

素、环境因素（包括家庭环境、学校环境与社会环境）[①]。张超、吴月玲（2018）认为影响高中生心理状态的因素包括时间管理有效性、压力来源及缓解方法、人际关系、生活状态、性别等[②]；聂慧敏等（2019）分析了中小学生性知识态度的影响因素，包括所在地区、年级、性别和是否居住生活在城郊[③]；边伟、颜志宏、杨德森（2019）分析了高职生厌学现象的影响因素，认为和性格、自身素质、社会心理有关系[④]；蒋峰（2018）分析了高中生羞怯心理、异性交往心理，认为影响因素是性别、家庭所在地、父母文化程度等，但是与年级和母亲文化程度不相关[⑤]。总之，影响因素涉及社会、文化、个体差异等各个方面。

针对存在的突出问题，不同学者提出不同的对策建议。蒋杰（2017）针对留守高中生的孤僻性格，提出家庭成员与学校应该关心孩子、加强监护与沟通、进行适度的心理健康教育活动[⑥]；蒋峰（2018）针对高中生异性交往心理问题，建议开展短期的团体心理辅导，以干预不健康心理状态[⑦]；徐鑫（2018）基于网络文化视阈，认为应该结合青春期叛逆特点开展思想政治课堂教学改革，结合网络环境变化对其逆反心理加以有效疏导[⑧]；童小婷（2018）认为应该对高中生开展性健康教育，首先是开放式匿名收集信息，了解基本问题，引导学生认识性别差异及成长规律，学会处理情感发展与性生理反应，对个别同学可以开展行心理咨询[⑨]；鲁宁（2018）针对高中生挫折问题，建议开展挫折教育，提高应对挫折能力[⑩]；周鹏（2016）总结了高中生思想政治素养问题，认为主要是人生观、世界观与价值观扭曲或模糊，政治、法律、道德意识不足，应该构建综合应对体系，在家庭、学校、社会环境方面加大优化力度，提高思想素养[⑪]。

二、研究特点

1.关注度特征

由于国家、社会、家庭对高中教育发展日益关注，“高中生研究”逐渐成为学术界

---

① 白琦：《响寄宿高中生心理健康的因素——案例依据下的分析》，载《中小学心理健康教育》2018年第23期。

② 张超、吴月玲：《高中生心理状态影响因素研究分析》，载《中小学心理健康教育》2018年第20期。

③ 聂慧敏等：《中小学生性知识态度及相关影响因素分析》，载《中国学校卫生》2019年第4期。

④边伟、颜志宏、杨德森：《高职生厌学现象及影响因素研究》，载《读与写》（教育教学刊）2019年第16卷第4期。

⑤ 蒋峰：《 高中生羞怯、性态度与异性交往心理问题的关系及其干预研究》，闽南师范大学，2018。

⑥ 蒋杰：《留守高中生孤僻性格的表现及教育策略探究》，湖南科技大学，2017年。

⑦ 蒋峰：《高中生羞怯、性态度与异性交往心理问题的关系及其干预研究》，闽南师范大学，2018年。

⑧ 徐鑫：《网络文化视阈下高中生学习思想政治课逆反心理及其疏导》，湖南大学，2018年。

⑨ 童小婷：《高中生青春期性心理状况调查及性健康教育策略研究》，华中师范大学，2018年。

⑩ 鲁宁：《信阳市高中生挫折教育问题研究》，信阳师范学院，2018年。

⑪ 周鹏：《当前高中生思想政治素养存在的问题及对策研究》，河南大学，2016年。

关注的议题，论文数量变化可以支持此观点。基于文献分析法，在CNKI数据库内输入"中学生"，发现研究成果整体出现增加态势：2005年为395篇，2006年超过500篇，2007年超过600篇，2008年超过700篇，2010年超过800篇，2011年超过1000篇，2016年超过2000篇，目前仍呈现增长态势。这说明中学生问题研究日益成为热点。此外，以最新的195篇论文为研究对象，发现资源类别特征中，会议论文14篇，所占比例为7.0%，硕士学位论文61篇，所占比例为30.5%，期刊论文124篇，所占比例为62.0%，其他1篇，所占比例为0.5%。可见，高中生问题研究不但是期刊关注的议题，也是研究生在学位论文的热点选题，有很大研究价值。

表绪-2　相关成果数量变化　　单位：篇

年度	2018年	2017年	2016年	2015年	2014年	2013年	2012年
论文数量	2598	2679	2258	1928	1626	1530	1382
年度	2011年	2010年	2009年	2008年	2007年	2006年	2005年
论文数量	1280	826	786	719	678	523	395

注：数据来源于CNKI数据库，检索时间为2019年5月。

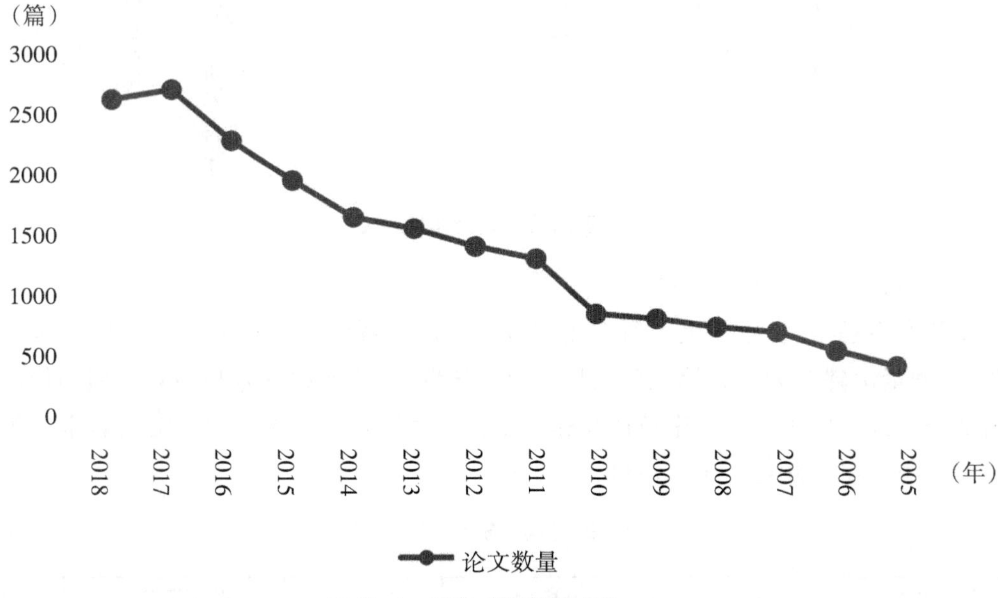

图绪-1　相关成果数量变化

2.研究层次特征

排列在前5位的是基础教育与中等职业教育、基础研究、职业指导、行业指导和工程技术，论著数量在500篇以上；第6～10位的是高等教育、政策研究、基础与应用基础研究、行业技术指导和文艺作品，论著数量在500篇以下。

表绪-3　研究层次特征　　单位：篇

研究层次	基础教育与中等职业教育	基础研究（社科）	职业指导（社科）	行业指导（社科）	工程技术（自科）
论著数量	8417	7862	1592	1108	534
研究层次	高等教育	政策研究（社科）	基础与应用基础研究（自科）	行业技术指导（自科）	文艺作品
论著数量	386	375	324	62	51

注：数据来源于CNKI数据库，检索时间为2019年5月。

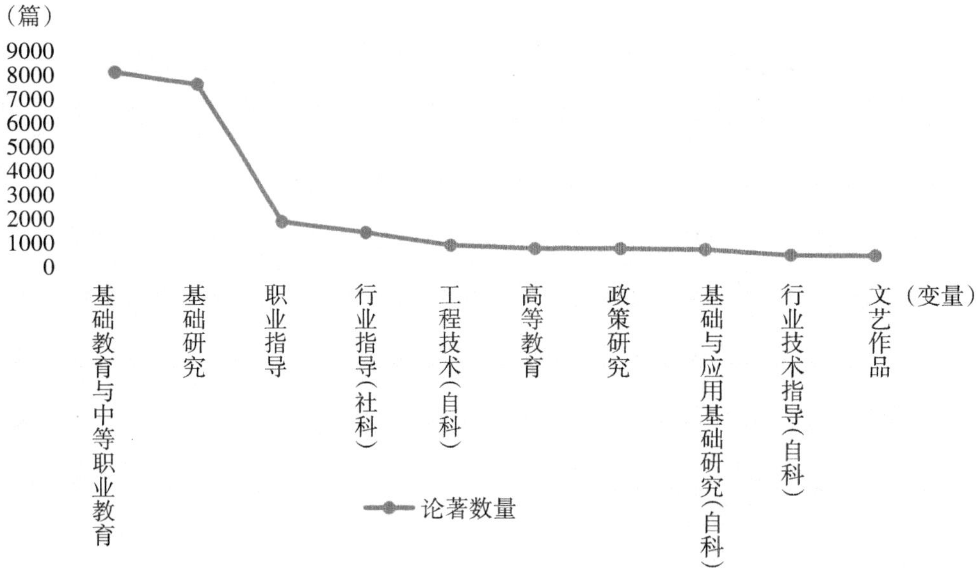

图绪-2　研究层次特征

3.研究主题特征

研究主题中，“中学生”所占比例最大，论著数量为5412篇；第二位的是“高中生”，数量达到2292篇；第三位的是“中小学生”，论著数量为1197篇；后面依次为调查研究、高中学生、高中生英语写作、个性心理特征、高级中学、分科教学法等；教学策略排名在第20位，著作数量为263篇。

表绪-4　研究主题特征　　单位：篇

研究主题	中学生	高中生	中小学生	调查研究	高中学生
论文数量	5412	2294	1197	818	533
研究主题	高中生英语写作	个性心理特征	高级中学	分科教学法	高中数学
论文数量	441	409	389	385	362
研究主题	英语学习	心理健康	高中英语	高中语文	学习策略
论文数量	353	334	326	323	319

续表绪-4

研究主题	策略研究	英语写作	实证研究	高中英语教学	教学策略
论文数量	301	299	296	278	263

注：数据来源于CNKI数据库，检索时间为2019年5月。

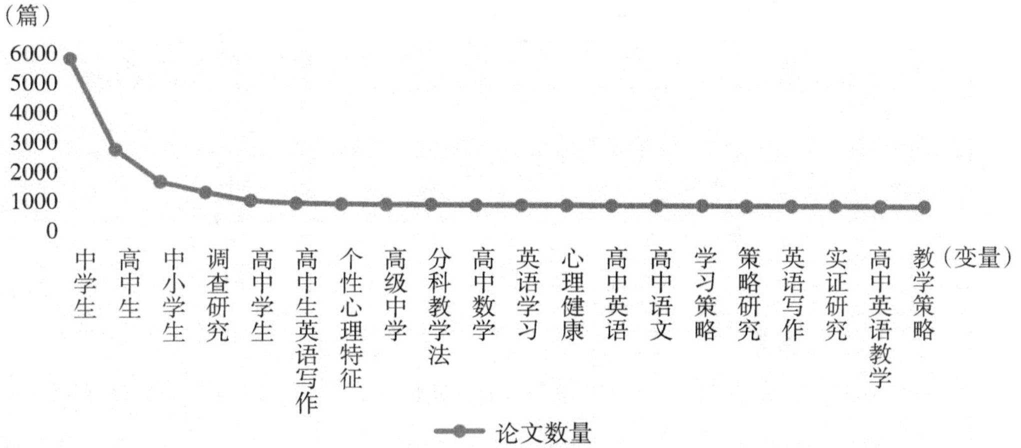

图绪-3　研究主题特征

4.作者特征

代表性作者中，“王光明”发文16篇，排名第一；钟宇平发文14篇，排名第二；田澜与宫火良发文12篇，排名并列第三；第四位是吴星等思维学者，发文11篇；韩仁生、李艳红、范金刚三位学者发文数量均为8篇，并列位居第七。

表绪-5　代表性作者特征　　单位：篇

作者	王光明	钟宇平	田澜	宫火良	吴星
论文数量	16	14	12	12	11
作者	方晓义	胡象岭	姚树桥	刘金同	张大均
论文数量	11	11	11	10	10
作者	孟宪鹏	王后雄	王磊	王祖浩	韦弘
论文数量	10	10	9	9	9
作者	吴靖媛	林东	韩仁生	李艳红	范金刚
论文数量	9	9	8	8	8

注：数据来源于CNKI数据库，检索时间为2019年5月。

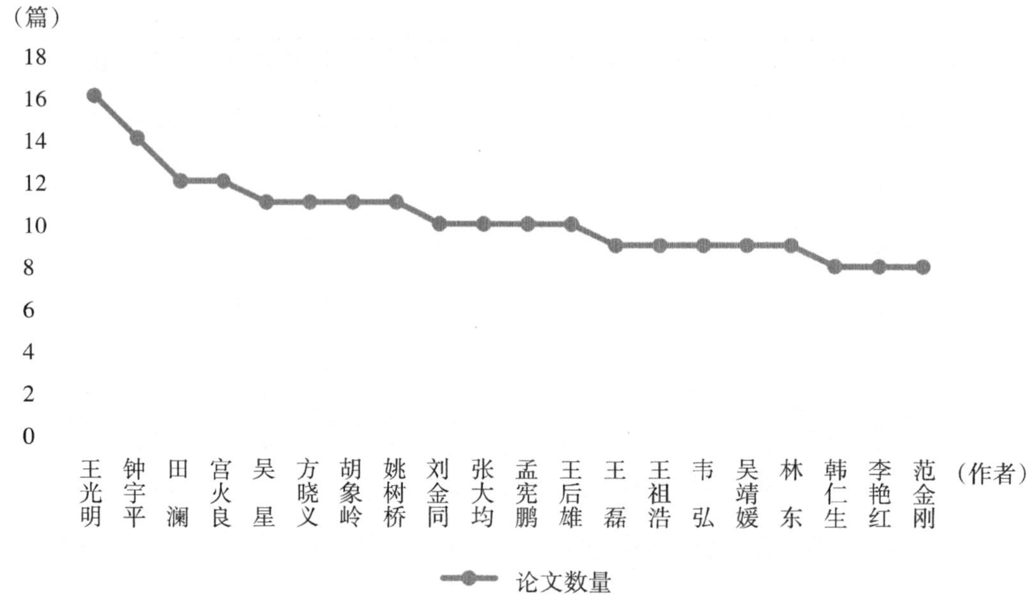

图绪-4 作者特征

5.研究机构特征

研究机构中，华中师范大学排第一，发文量为671篇；东北师范大学位居第二，发文量为445篇；山东师范大学排名第三，发文量为409篇；发文量在300～400篇之间的机构是华东师范大学、南京师范大学、辽宁师范大学、河北师范大学、苏州大学；发文量在300篇以下的有福建师范大学、内蒙古师范大学等。

表绪-6 代表机构特征 **单位：篇**

机构	华中师范大学	东北师范大学	山东师范大学	华东师范大学	南京师范大学
论文数量	671	445	409	391	390
机构	辽宁师范大学	河北师范大学	苏州大学	福建师范大学	内蒙古师范大学
论文数量	372	325	304	280	276

注：数据来源于CNKI数据库，检索时间为2019年5月。

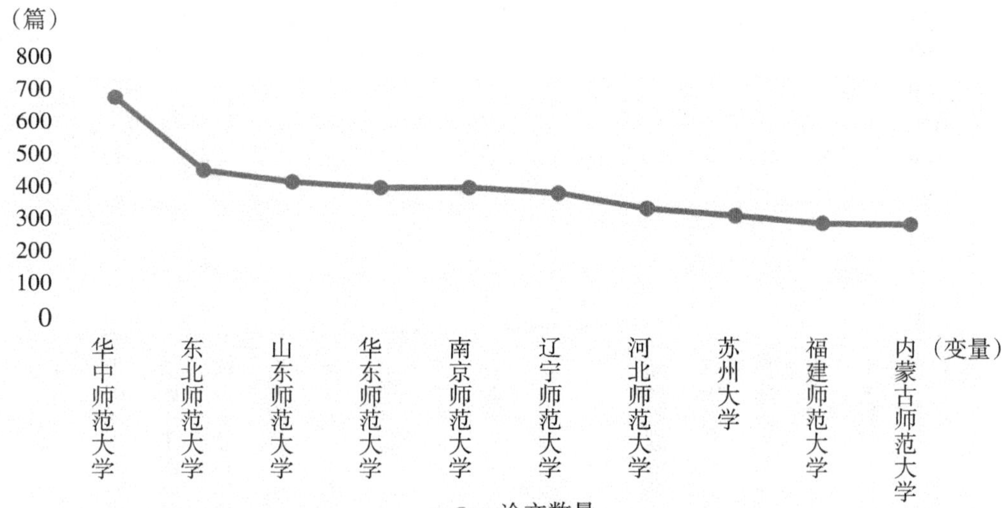

图绪-5 机构特征

6.课题来源特征

国家级课题数量不少，其中，全国教育科学规划课题数量最多，达到了140项；国家社会科学基金课题77项，国家自然科学基金课题61项，国家科技支撑计划课题16项。省级课题中，湖南省教委科研基金课题10项，江苏省教育厅人文社会科学研究基金课题9项，其他为陕西省教委基金课题、山西省软科学研究计划课题、高等学校博士学科点专项科研基金课题、中国博士后科学基金课题等。

表绪-7 课题来源特征 单位：篇

课题来源	全国教育科学规划	国家社会科学基金	国家自然科学基金	国家科技支撑计划	湖南省教委科研基金
数量	140	77	61	16	10
课题来源	江苏省教育厅人文社会科学研究基金	陕西省教委基金	香港研究资助局资助项目	湖南省社会科学基金	高等学校博士学科点专项科研基金
数量	9	8	6	6	6
课题来源	优秀人才培养计划	山西省软科学研究计划	河南省软科学研究计划	美国中华医学基金	中国博士后科学基金
数量	5	4	4	4	4

注：数据来源于CNKI数据库，检索时间为2019年5月。

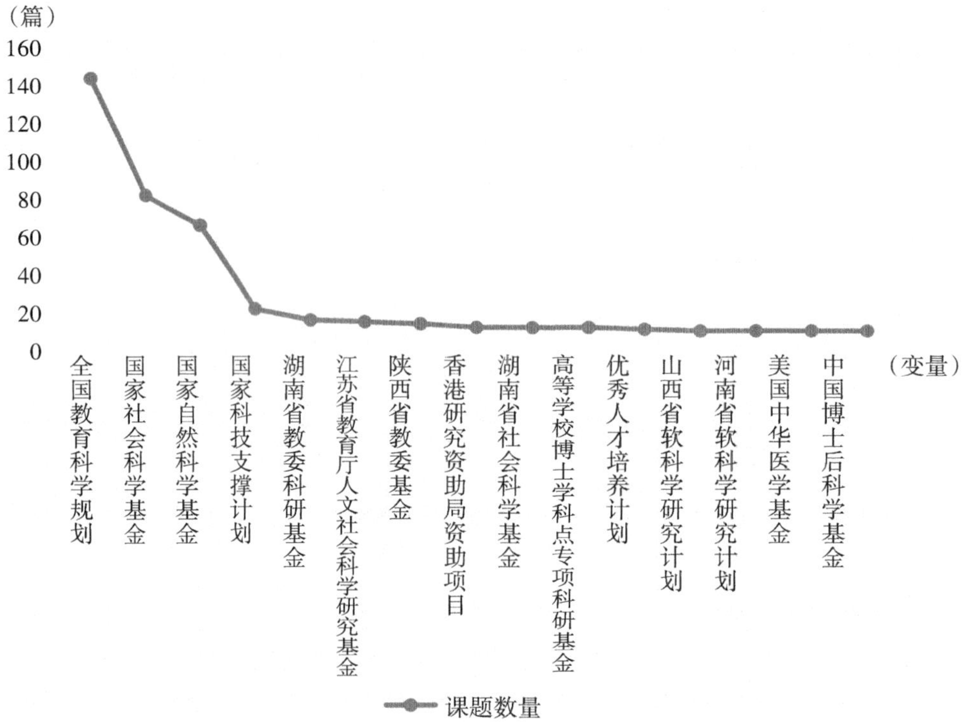

图绪-6　课题来源特征

综上所述，“高中生”研究取得很大进展，但存在一些不足：博士学位论文数量不多，高级别专著与高级别期刊刊载论文数量较少；对学科成绩、学科教学等具体问题研究较多，综合性欠缺；研究主题和学者主要集中在基础教育领域，其他学科学者较少，研究的交叉线与跨学科性不足；方法单一，多抽象论述，实证分析、计量分析不足。总之，高中生研究质量需要得到提升，以顺应与适应社会发展需求。

第四节　研究意义、研究内容、研究方法与创新点

一、研究意义

1.理论意义

高中生是青少年中的一个特殊群体和主要部分，是国家与民族的希望所在，其健康发展与全面发展关系国家崛起与民族前途。新时代新环境下，高中生发展面临新问

题。作为一个特殊而重要的社会群体，其健康发展态势究竟如何？是什么因素影响高中生健康发展？应该采取哪些措施帮助其发展以实现国家富强？学术界虽然有所涉及，也发表了相关论文，但检索文献发现，很少有学者专门以此为课题做系统性、专门性分析。本研究拟作尝试，以探寻具体表现与背后深层原因，了解机理与规律，弥补青少年研究与高中生研究的学术不足，拓展研究领域，丰富教育学、心理学等学科研究内容。

2.现实意义

高中是为大学输送高层次人才的主要机构，如何培养好高中生，使其健康发展成为国家所需的高素养人才，是各级各类高中学校的使命与任务；“望子成龙，望女成凤”是中国所有家长的夙愿，有高考生的家庭更是如此。但理想很丰满，现实很骨感，一些家庭未必能够心想事成，一些学生出现各类发展问题，有的自杀，有的犯罪，有的违规，有的成绩平平，有的出走，使社会、学校与家庭操碎了心。尤其是一些后发展地区的普通学校，高考成绩不理想，学生考学不理想，管理者焦急，教师压力大，学生焦虑。如何应对此类问题？本研究拟通过研究，发现问题，提出建议，为高中生健康发展提供一些建议。这对县域高中教育质量提升、高中生个人实现理想价值、考试家庭和谐美好都有一定的指导价值。

二、研究对象与主要内容

本研究的主要对象是“高中生”，用多学科理论与方法，对其健康发展问题做系统分析，为培养高素质人才奠定基础。

本研究主要内容如下：

一是高中生健康发展的影响因素分析。基于自我个体因素、社会文化环境、家庭环境要素、学校教育要素，对高中学生健康发展的内外部要素做具体细致梳理；同时，基于个案分析，开展实证研究，发现重点要素与关键环节，为优化教育工作提供理论依据。

二是高中生心理健康状况分析。心理健康也是高中生问题研究者不可不提的话题。在了解整体心理健康态势的前提下，开展测评，了解被调查群体学生的心理健康现状，分析整体特点、各维度表现以及影响因素，提出具体调适策略。

三是县域文化与高中生健康发展。文化对个体或群体有潜移默化的影响。高中生对县域文化的认知度如何？县域文化对高中生的影响如何？本研究设计问卷，做了专门探究。

四是社会互动、人际关系与高中生健康发展。从家庭关系、师生关系、同学关系等角度，分析高中生健康发展和人际关系的联系，发现存在的问题，并提出解决问题的具体对策。

五是家庭与高中生学业成绩健康发展。家庭对高中生的影响非常巨大。本研究设计问卷，开展具体调研，基于家庭关系、家庭结构、家庭关心程度等角度，分析家庭对高中生的影响，提出具体对策。

六是课堂教学与高中生学业成绩健康发展。课堂教学与学生学习成绩、品德提高、人格形成等有密切关系。本研究基于思想政治课，分析了解了相关经验，结合现实中存在的具体问题，提出了提升课堂教学绩效的对策。

七是高中“潜力生”健康发展的对策建议。基于学生学习成绩、心理健康、价值观、行为模式等层面，借鉴国内本土经验教训，提出促进高中生健康发展的对策建议。

三、研究思路

首先对“高中生研究”文献进行回顾与梳理，发现基本特征与不足；其次，从宏观角度对“高中生健康发展”的现状与影响因素做系统分析，形成基本的分析框架；其次，基于不同视角，在不同微观层面，对高中生健康发展现象做具体分析；最后，回归到宏观视角，提出对策建议，以期对高中生健康发展有所启迪，对教育管理者、家庭等有所帮助。

四、研究方法

1.文献分析法

利用CNKI与中国人民大学复印资料等数据库检索文献，利用图书馆、资料室等查阅相关研究论著，为了解学术进展奠定文献基础，为研究收集必要的信息与数据。

2.田野调查法

“田野调查法”是人类学的基本方法。该方法由知名人类学家马林诺夫斯基所创，后得到广泛引用。本研究采用此方法，研究者力求走出书斋与数据库，利用专门的时间，在所在地开展调查研究。一是设计调查问卷，获得数据；二是开展个案访谈，了解典型人物的典型问题；三是会议研讨，通过小型座谈会、教研会等形式，开展探讨；四是观察法，通过日常生活观察、学习行为观察，发现高中生发展的基本特征与趋势，了解背后问题发生的原因，对高中生发展现象做深入了解，为研究提供素材与个案支持。

3.统计分析法

利用SPSS、EXCELL等软件，对获得的数据做深入挖掘分析，再和文献分析、调研分析结合，使质性研究与量化研究相结合，使研究观点更加科学合理和有依据。

五、创新点

本研究的创新点有三：一是系统性很强。在很多学者局限于零敲碎打的背景下，对高中生健康发展问题做系统性分析。二是实证性突出。没有局限于单纯的说教或者文献分析与抽象研究，而是结合所在县域高中生实际，开展实证分析，为理论探究提供支撑，使研究有理有据。三是综合性强。方法上，多学科交叉；理论上，采用教育学、社会学、人类学等理论，如“归因理论”“家庭系统理论”“需求层次理论”“社会断裂理论”“社会互动理论”“社会分层理论”“动机理论”等，使研究质量得到提升。

第一章 高中生健康发展的影响因素分析

第一节 多维视野下的理论探究

一、个体要素

1.特殊的成长阶段

高中阶段是人生发展中的重要与特殊阶段，具体表现如下：一是离开了初中生活，父母直接管教的概率和空间下降，对高中生自我约束力、克制力、意志力都提出新的要求；二是面临高考，一些学生缺少最基本的压力，对高考与个人发展的关系认识模糊，对其重要性缺少严肃对待；三是从少年走向青少年，社会交往圈不断扩大，渴望获得独立的空间，一些高中生开始对父母和老师的教育感到厌烦，甚至出现逆反心理，或者发生对抗、出走等行为；四是来到新的环境，开始接触到相对复杂的社会小群体，面临的社会问题趋于增多，对高中生社会交往能力提出新的挑战；五是大多数学生都在18岁以下，处于成人的前夜，思想、知识、价值观都不稳定、不成熟；六是高中时期是个体社会化的特殊时期，由于在学校和家庭中受到的多是正面积极的宣传教育，高中生具有追求向上、单纯善良的心态，但社会急剧变革，腐败问题、道德水平下滑问题层出不穷，又对高中生形成冲击，使其对原来的理想信念进行重新思考，尤其是一些明星、高级领导干部等公众人物的堕落失足，使他们对公仆、模范、先进、榜样等有所怀疑，急需要学校和社会开展疏导和进一步激励；七是处于身体快速发育成长阶段，青春期到来，生殖系统开始成熟，性意识出现，但性知识不足，容易出现性心理与早恋等问题。

2.不同的身体素质

一方面，由于营养的丰富充裕，高中生整体身体素质提高，身高、体重均比父辈同龄时改善很多，性成熟特征也提前到来；另一方面，不同家庭背景者身体条件不同，有的肥胖，有的消瘦，有的由于遗传因素患有疾病，有的由于学习方式不当导致近视眼、驼背等现象，有的对社会现象和性现象了解较多，有的意识模糊……这就要求学生管理也必须因人而异，对症下药。

3.显著的性格差异

性格指的是个体所具有的个性心理特征。性格具有三大显著特点，一是独特性，不同个体的性格绝不相同，世界上没有两片完全相同的叶子，也没有两个性格完全相同的人。二是稳定性，个体的个性心理特征一旦形成，就会持久存在，相对稳固，不会轻易改变。三是可塑性，在内外因环境改变的时候，性格会发生变化。如一个原本快乐的人，如果长期生活在一个封闭恶劣的环境中，心情不畅，会变得脾气暴躁，郁闷；反之，一个性格不好的人如果环境改善或者有人引导，会向好的方向改变。高中生在性格特征方面具有多元性特点，有的喜欢安静，有的喜欢热闹；有的乐观，有的悲观；有的意志坚强，有的意志薄弱；有的待人热情，有的虚伪冷漠；有的对自己和未来非常自信，有的却自卑；有的自制力强，有的容易冲动被外界诱惑；有的不喜欢结交朋友，有的却爱好交际，等等。因此，如何构建教育调节与自我调节系统，对高中生性格进行优化与塑造，使其形成良好健全和高尚的性格特征，是教育者和家长需要高度关注的课题。

二、社会要素

1.社会阶层变动情况

社会阶层（Social Stratum）是以经济收入、文化教育程度、职业、社会地位等为依据划分的社会等级，指的是一群具有相同或类似社会特征的社会成员。在国外，现代社会学的创始人和奠基学者之一的马克斯·韦伯（Max Weber）有过深刻论述，他在《经济与社会》等著作中提出新的划分标准——多元标准、主观标准与连续定量标准，依据财产、声望与权力来反映社会结构特征；社会学家吉尔巴特（Jilbert）和卡尔（Kahl）则依据经济、社会互动与政治维度变量，做了新的指标设计，认为划分标准为职业、收入、财富（经济维度）、个人声望、社会联系、社会化（社会维度）、权力、阶层意识、流动性（政治维度）。在国内，伴随中国经济体制改革，社会流动频繁，社会阶层格局发生巨大变化，对此不同学者也有不同分析。其中，陆学艺教授依据成员占有的资源多少（组织、经济与文化资源），将社会成员划分为十大阶层，包括领导干部、经理人员、私营企业主、专业技术人员、办事人员、个体工商户、商业服务业员工、工人、农民、无业失业半失业者人员；李强教授与孙立平教授则提出四分类观点，认为包括特殊获益者群体、普通获益者群体、利益相对受损群体和社会底层群体；也有人划分为弱势阶层（或草根阶层）、中间阶层与上层阶层。不同学者阶层划分的方法与观点也许值得商榷，但不可回避的事实是，阶层变动与阶层分化是客观存在的现实现象。更为可怕的是社会形成了一种“断裂”现象，受到制度、经济、文化等要素限制，一部分阶层成员受到“排斥”，被甩出了社会结构之外，难以共享社会福祉资源，形成新的“累积循环效应”[①]。这样变动的结果是，各个阶层之间不但在经济行为、社会互动等方面存在很大差异，其家庭子女之间也有很大影响，即使未完成社会化的高中生也是如此。例如，从财富视角看，城市富有家庭阶层拥有较多的社会财富与经济资源，可以通过购买“学区房”等途径选择教学质量较好的学校就学，聘请有经验的教师给予课程辅导，或使学生利用节假日开展研学旅游等活动开阔视野，无形之中使孩子有了一种优越感；从声望视角看，经济与社会地位条件较好家庭出生的孩子可以获得较好评价；从权力视角看，城市家庭出生或上层阶层孩子会在消费等方面体现出主流性，而贫困家庭、乡村家庭孩子行为往往被视为不入流，具有民间或草根性质[②]；上层阶层（强势群体）家庭学生购买、消费高档产品，进入国外知名大学或国内顶尖大学深造是基本要求；底层阶层（弱势群体）家庭高中生一般没有机会或者能力出国旅游，节俭消费是常态；社会心态方面，有的形成积极向上的心态，有的因无法享受公平或高质量教育权利而忧郁苦闷，有的为获得在城市就学的机会而焦虑着急，有的则形成“仇富心态”“仇官心态”，这都不利于社会和谐。

2.社会文化交流因素

伴随着我国改革开放的不断深入，政治经济文化与社会交流越来越频繁深入，这势必会对高中生思想行为形成巨大影响。第一，不同家庭背景学生的社会文化交流动机各不相同。就外语学习而言，一些学生由于家庭优越而前去国外，或从事短暂的学业交流，或开展旅游休闲，这部分学生会结合自己发展的不同需求形成新的学习交流动机，有的渴望在异国攻读大学甚至硕士、博士学位，有的渴望在国外长期工作、生活甚至定居，有的渴望拥有一段异国经历，在学习外语的动机方面自然会有显著差异，有的仅为“学好外语应对高考、获得好成绩”，有的是“学好外语便于开展文化交流”，有的是“出国去扩大阅历”，有的是“消除语言障碍以促进文化理解”，并且在性别等维度方面也有所区别，有研究表明，和男性相比，女性更需要“文化理解”[③]。第二，

① 刘娜：《断裂型社会排斥：农民工社会福祉融入的制度、区域与阶层困境》，载《山东社会科学》2019年第4期。

② 李卓燃：《社会阶层视角下的青少年网络平台偏好研究——以b站与快手APP为例》，载《现代商贸工业》2019年第13期。

③ 仲清、徐子亮：《来华商务人士社会互动需求分析与研究——基于汉语国际教育视角》，载《学术界》2019年第1期。

社会互动会对学习动机形成很大差异效应，一些有过社会实践活动经历（如利用假期打工接触社会）、外出学习接受接触过发达地区居民生活工作的高中生，主动学习的动机更加强烈，因为通过对比感知到了差距，也形成了自己的未来生活的预期；一些通过自己的知识帮助其他家庭或个体有效果者，也更愿意通过学习改变自己的命运，以将来对社会有所贡献。还有，如果一个班级之间互相交往频次较高，会形成较好的班级认同感，凝聚力相对较强；反之，如果学校学生之间缺少必要的互动，关系会淡漠，形成隔阂，友谊与同学关系趋于冷漠，对将来的认同感和归属感形成负面影响。第三，标签化、污名化现象会对学生发展造成影响。如受到历史文化传统、社会功利性取向影响，一些人对贫困学生、成绩不好学生、“问题学生”怀有偏见，或者没有给予必要的尊重，或者表面热情背后敌视，势必给这些学生心理上留下阴影，强化这些学生社会交往的“内卷化”倾向，不利于其融入社会。第四，社交媒体的影响不可低估。在手机网络日益普及的背景下，很多高中生接触到了手机网络，有调查研究数据表明，城市中青少年群体中的手机普及率在80%以上，有的高中生主动应用或在家庭约束下利用手机网络学习（如查询资料、浏览试题、请教名师等），成绩会更加优秀；有的则面对游戏、电视电影等难以自制，被手机或网络“控制”，学习成绩一落千丈；同时，一些学生受手机网络中的色情、暴力等不良信息刺激，思想认识发生变化，逐渐形成不良行为。

三、学校要素

一是教育管理制度。制度包括各类规章制度，设计课程设置、评价体系、日常生活等。有的学校教育教学与管理制度完善合理，要求严格而不失关爱，学生身心愉悦，积极向上，形成了好的学风与健康行为；有的学校学习制度不健全，管理混乱，学生得不到应有的关爱，学习成长受到各类干扰。因此，优化教育管理制度，促进管理质量提高，关乎高中生健康成长，是各级各类学校应该有的担当。

二是教育管理环境。环境包括自然环境与人文环境。自然环境方面，有的学校树木葱茏，鲜花盛开，小桥流水，鸟语花香，学生在其间喜气洋洋，得以安心读书；有的学校规划建设混乱无序，绿化率较低，美化不够，学生感到沉闷。人文环境方面，有的学校有悠久的历史积淀，有的富有活力，有的传统守正，有的喜欢高雅古典，有的人际关系复杂，有的人与人之间关系单纯等，“近朱者赤，近墨者黑”，环境对高中生的影响也是显而易见的。

三是教师队伍素质。“百年大计，教育为本；教育大计，教师为本。”习近平总书记的话可谓至理名言。一个学校若拥有一支高素质教师队伍，学生发展必将受益；反之，如果一个学校教师数量不足，结构不合理，高层次人才不足，思想状况不佳，组织纪律性较差，道德品质低下，学生势必在就读、生活和升学方面受到负面影响，有些很有潜力的学生也许会就此埋没或被耽误。

四、家庭要素

一是家庭经济情况。由于父母职业、健康状况、文化程度、收入等各不相同，高中生家庭经济情况千差万别，有的家庭经商，坐拥豪宅豪车，可以为孩子提供各类好的生活用品甚至奢侈品；有的家庭经济条件一般，有的甚至还处在脱贫阶段，有的虽然不属于困难户，但同时培养几个孩子上学，经济压力不小。这势必投射到孩子身上，形成不同的行为模式与思想状况，有的自豪自傲，有的自卑，有的自信，有的因此难以刻苦求学而成绩平平，有的因此胸怀大志成绩优良，有的则过早承担家庭负担影响学业。

二是家庭结构情况。有的家庭属于三代人或者四代人模式，家庭成员众多，要么对孩子过度关心溺爱，要么严格要求其形成好的行为模式；有的家庭属于单亲家庭，孩子在家庭中难以享受到父亲或母亲的关爱，心理残缺不全；有的孩子属于隔代抚养，有的则由他人代为抚养，有的孩子会在精神与心理健康方面出现或大或小的问题。

三是家庭教育模式。家庭教育模式存在权力模式、合作模式、溺爱模式、放任模式、无奈模式、干扰模式几类。权力模式指的是家庭教育中，家长由于具有绝对的经验优势、话语权优势，对孩子采取强迫和命令方式进行教育，孩子的独立想法与个性受到压制压抑；合作模式指的是孩子和家长之间互相尊重，家长不强迫孩子做自己不愿意做的事情，双方关系较为和谐；溺爱模式是家长对孩子过分关爱，孩子要求什么就满足什么，实际上严是爱、宽是害，溺爱型家庭对孩子造成的“无意伤害”不小，不少孩子就形成了懒惰、自私、动手能力低等不足；放任模式指的是家长对孩子的教育和成长不闻不问，放任自流，主要原因是家长忙于个人事务，或者彻底失望，或者故意生气而不加管教；无奈模式指的是家长管教不住孩子，孩子的事情由孩子自己做主；干扰模式指的是家长由于自己事务或家庭关系要素，影响到了孩子的健康发展，如个别家庭经常吵架，孩子难有平静的心情与安静的环境进行学习。不同的家庭教育模式，对高中生的发展影响不同，权力模式的后果是两类，孩子要么严格按照家长的安排与规划按部就班完成学业，成绩非常突出，性格非常柔和，要么就是双方关系紧张，孩子形成逆反心理，学习成绩不好，家长感到失望；合作模式一般会形成比较好的性格特征与学业成绩，但有时候会使孩子做出错误决策；放任模式、无奈模式、干扰模式的结果都不太理想，孩子一般都难以形成好的个性心理和优良品德，甚至会出现不良思想行为与道德行为，对其社会化造成负面影响。

第二节 基于预期-感知理论的实证分析

一、研究说明

1.理论依据

主要有两个理论：一是归因理论（Attribution Theory）。此理论是人力资源管理和社会心理学的重要理论之一，主要基于因果视角分析被观察者的行为过程与结果。海德（Fritz Heider）于1958年首先提出“归因理论”，认为人的成功或失败行为由内部与外部众多因素决定，内因包括个体情绪、能力等，外因包括天气、社会环境等；归因的原则有共变原则、排除原则。L.Y.阿布拉姆森、H.H.凯利、伯纳德·韦纳（B.Weiner）等学者做了补充完善，其中伯纳德·韦纳的观点尤其受到关注，他认为个体成败受到能力、努力、任务难度、运气、身心状态等因素影响，当个体认为自身成败的根源在于自身能力和努力程度时，会形成自信心、自豪感，当个体认为失败或成功根源在于归因任务本身不好完成与自身运气不是很好时，会形成较小的失败感、羞愧心，因此一个能力一般但付出很大努力后取得成功的人应该受到尊重。二是顾客满意度理论。20世纪70年代，卡多佐（Cardozo）首次进行满意度分析，1990年美国营销专家劳特朋教授提出4C理论，将市场营销目标定位为顾客满意，后演化为4R、4P理论；一些学者提出了其他模型，其中最主要的是Olshavsky、Miller与Anderson建构的期望模型或期望-不一致模型（Expectation-Disconfirmation），认为顾客在消费前会形成期望，购买消费行为发生后会形成实际感知，期望感知之间的差距或“不一致”会导致顾客“满意”或“不满意”。顾客满意度模型对优化产品质量、服务管理质量起到了指导作用，也可用于研究高中生健康发展问题，通过问卷调查找到影响满意程度的关键因素与短板，采取措施加以改善，以提高教育教学质量。

2.调研地说明

本研究选择作者工作地古浪县为研究地。古浪县，地处河西走廊，长期属于甘肃省贫困县，居民经济收入低下，但古浪县是人口大县、教育大县，每年有大批优秀学子考入北京大学、清华大学、浙江大学、复旦大学、上海交通大学、武汉大学、中山大学、南京大学等世界知名高等院校深造，为国家教育发展和人才培养做出了重大贡献。古浪县主要高中有第一中学、第二中学与第三中学，其中一中建校时间为1956年，有63年办学历史，以“以人为本，追求卓越，为每一个学生的终身发展奠基”为办学理念，教育教学质量优良，高考成绩突出，为省级重点中学，现有教师190多人，在校学生3000多人；古浪二中地处历史文化名镇土门镇，于1958年建校，有很悠久的历史，面对生源成绩较低的不利因素与客观现实，积极进取，发展态势较好，目前有学生1700多名，教师与工作人员数量达130多人；古浪三中地处历史文化名镇大靖镇，1959年建校，教学质量较好，可与古浪一中相媲美，2018高考中古浪县文、理科“状元”均来自此校，一本上线人数达230多人，目前有教职工180多人，学生3000多名。出于代表性因素、研究所需成本因素、熟悉度因素考虑，本研究选择古浪县为研究地展开研究。

图1-1　古浪一中校门一览

图1-2　古浪二中校门一览

图1-3　古浪三中校门一览

3.研究方法

采取的方法如下：一是应用SPSS与EXCELL软件，提取最大值、最小值、均值、标准差、期望感知值之差，采用配对样本T检验法，比较分析高中生对健康发展的具体期望与感知及其差异；二是IPA模型分析法。借鉴重要性-绩效表现分析法（IPA，Importance-Performance Analysis），在图上描绘出四个关于预期与实际感知的象限，分析高中生对自己发展状况的心理评价。

4.研究工具

本研究参考相关文献，结合实际状况，编制《高中生健康发展影响因素调查问卷》一份，对古浪县三个普通高中学生的健康发展态势进行调查。量表包括三大板块，第一板块为样本的人口社会学信息，统计学变量为性别（男、女）、年龄（18岁以下、18岁及以上）、所在年级（高一、高二、高三及复读）、所在学校（一中、二中、三中）；第二板块为预期与实际感知，涉及校园环境、住宿、餐饮、班主任管理关心程度、课程学习状况、代课教师素质与关系程度、业余生活丰富多彩程度、身体健康情况、读书期间家庭和谐美满程度、读书期间学杂费充裕程度、同学关系、校园安全与社会治安、学习成绩、社会阅历与视野的开阔程度、研学旅游与社会实践、社会经济政治文化大环境、家人亲友文化学识地位与关心程度一共17个变量，对社会、学校、家庭和个体情况均有涉及；第三板块为满意度测评，包括感到满意、感到没有虚度高中时光、感到幸福、愿意为本校做宣传4个变量。问卷为5分制量表，1分表示完全不认同，2分表示不认同，3分表示一般，4分表示认同，5分表示完全认同，评价标准是均值在0～2.5分为不好，2.5～3.5为一般，3.5～5为较好（量表具体内容及项目见附录1）。

5.样本基本特征

本研究选取甘肃省古浪县第一中学、第二中学与第三中学的高中学生为调查对象。一共发放问卷300份，每个学校100份，共回收问卷300份，回收率为100%，其中古浪县第一中学回收100份，古浪县第二中学100份，第三中学100份；有效问卷295份，有效回收率为98.3%，其中古浪县第一中学98份，古浪县第二中学99份，第三中学98份。具体样本特征（见表1–1）：性别方面，男性150人，所占比率为50.8%，女性145人，所占比率为49.2%；18岁以下者194人，所占比率为65.8%，18岁以上者101人，所占比率为34.2%；高一年级72人，所占比率为24.2%，高二年级75人，所占比率为25.4%，高三年级75人，所占比率为25.4%，复读73人，所占比率为24.8%；古浪县第一中学98人，所占比率为33.2%，古浪县第二中学99人，所占比率为33.6%，古浪县第三中学98人，所占比率为33.2%。

表1–1　样本基本人口社会学信息

		人数(人)	所占比率(%)	有效比率(%)	累计比率(%)
性别	男	150	50.8	50.8	49.2
	女	145	49.2	49.2	100.0
年龄	18岁以下	194	65.8	65.8	64.8
	18岁及以上	101	34.2	34.2	100.0
所在年级	高一年级	72	24.4	24.4	24.4
	高二年级	75	25.4	25.4	49.8
	高三年级	75	25.4	25.4	75.2
	复读	73	24.8	24.8	100.0
所在学校	第一中学	98	33.2	33.2	33.2
	第二中学	99	33.6	33.6	66.8
	第三中学	98	33.2	33.2	100.0

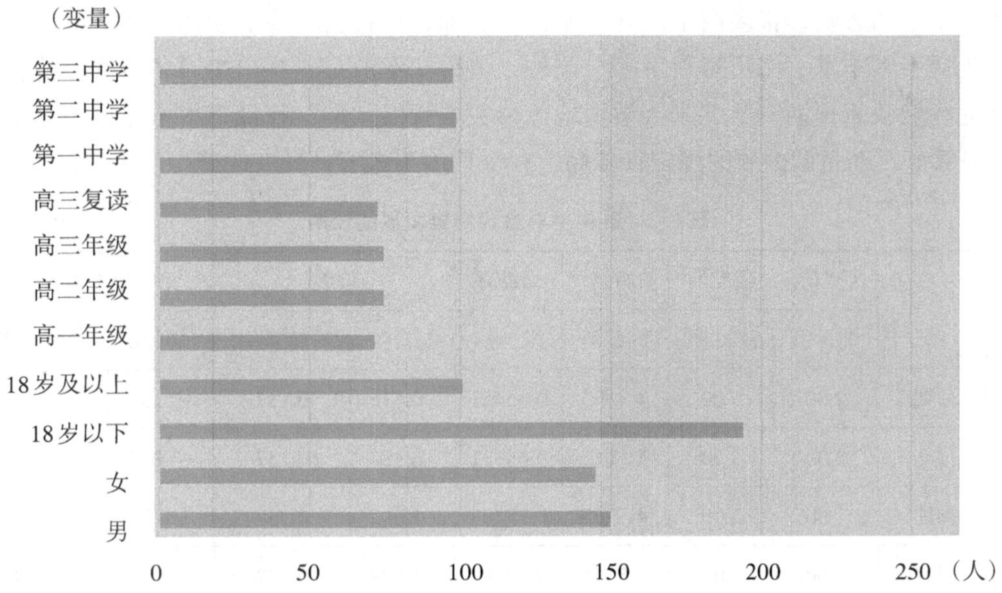

图1-4　样本基本人口社会学信息特征示意图

二、实证分析结果及分析

1.期望与感知均值特征

被调查高中生对预期评价的均值为4.29，说明预期状况较好，其中得分最高的是“自我健康状况”（M=4.5968），说明风华正茂的高中生对高中求学期间的身体状况比较乐观，健康预期较好，对健康的重要性认识到位；“班主任预期”（M=4.5746）位居第二，说明高中生对未来几年专门管理自己学习生活的班主任重要性有很高定位，渴望得到其真诚的关爱和悉心的指导；对“家庭预期”（M=4.5365）均值也较高，排名第三，认为高中求学期间家庭成员之间的关系会较好，不会对自己健康发展造成不利影响；对“课程学习”的预期均值（M=4.5333）位居第四；对“同学关系”的预期均值不低（M=4.5111），排列在第五位，这也很实际符合，高中阶段同学之间为理想和目标奋斗，互相帮助，很少为利益发生剧烈冲突或者钩心斗角之事，由此高中生活往往会留下幸福回忆；对“教师素质及与自己的关系程度”的预期均值（M=4.5079）位居第六位；位居其后的项目为“安全预期”（M=4.4508），在国家稳定的大背景下，古浪一中等为“社会治安综合治理先进单位”“治安保卫工作优秀单位”，校园安全建设成就显著，学生不存在不安全感，因此安全预期较好；其次为“成绩预期”（M=4.3905）、“餐饮预期”（M=4.3365）、“阅历预期”（M=4.2032）、“家人预期”（M=4.1492）、“住宿预期”（M=4.1111）、“业余预期”（M=4.0222）、“国家预期”（M=3.9841）、“家庭经济预期”（M=3.9365）；排名最后的是“实践预期”（M=3.8000），这说明尽管每个学校都开展普法教育、军训、防震减灾科普等实践活动，但整体丰富性不够，主要原因是受到高考入学率的影响，很多高中对升学率偏好有加，对社会实践活动却关注不够，学生业余生活不太丰富，阅历拓展不够；此外，值得注意的是，高中生对“国家经济社会与文化环境政策预期”与“家人学识地位与关心程度预期”较低，根本原因不是学生对其不看好，而是此两项的稳定性较高，在短期内不太容易发生改变。

表 1–2　高中生对自我健康发展的预期

	最小值	最大值	均值	标准差	偏度		峰度	
	统计值	统计值	统计值	统计值	统计值	标准误差	统计值	标准误差
环境预期	2.00	5.00	4.3397	0.66451	−0.575	0.137	−0.393	0.274
住宿预期	2.00	5.00	4.1111	0.68911	−0.383	0.137	−0.045	0.274
餐饮预期	1.00	5.00	4.3365	0.75783	−1.002	0.137	1.071	0.274
班主任预期	1.00	5.00	4.5746	0.62587	−1.579	0.137	3.543	0.274
课程预期	2.00	5.00	4.5333	0.65424	−1.223	0.137	0.888	0.274
教师预期	2.00	5.00	4.5079	0.65504	−1.124	0.137	0.687	0.274
业余预期	1.00	5.00	4.0222	0.79977	−0.642	0.137	0.728	0.274
健康预期	2.00	5.00	4.5968	0.65277	−1.642	0.137	2.484	0.274
家庭预期	1.00	5.00	4.5365	0.71010	−1.795	0.137	4.117	0.274
经济预期	1.00	5.00	3.9365	0.79954	−0.261	0.137	−0.403	0.274
同学预期	1.00	5.00	4.5111	0.62514	−1.223	0.137	2.364	0.274
安全预期	2.00	5.00	4.4508	0.70482	−1.170	0.137	1.013	0.274
成绩预期	2.00	5.00	4.3905	0.63087	−0.615	0.137	−0.189	0.274
阅历预期	2.00	5.00	4.2032	0.75502	−0.534	0.137	−0.497	0.274
实践预期	1.00	5.00	3.8000	0.93822	−0.523	0.137	−0.136	0.274
国家预期	1.00	5.00	3.9841	0.86496	−0.593	0.137	0.028	0.274
家人预期	1.00	5.00	4.1492	0.78600	−0.824	0.137	0.930	0.274

高中学生对自己健康发展质量的实际感知方面，“健康实际”（M=4.5016）位居第一；“班主任实际”位居第二（M=4.4921），说明各位班主任都尽心竭力，关爱有加，在学生生活与学习各个方面发挥了重要作用；“教师实际”（M=4.4889）位居第三，说明各位代课教师具有敬业精神、奉献精神，获得了学生的好评；“家庭实际”（M=

4.4889）也位居第三，说明学生家庭关系方面的影响评价较好；“同学实际”（*M*=4.3524）位居第四；“安全实际”（*M*=4.3492）位居第五；“课程实际”（*M*=4.3016）位居第六；“成绩实际”（*M*=4.2698）位居第七；其他依次为“家人实际”（*M*=4.1841）、“环境实际”（*M*=4.1587）、“餐饮实际”（*M*=4.0952）、“经济实际”（*M*=4.0921）、“阅历实际”（*M*=4.0794）、“住宿实际”（*M*=4.0381）、国家实际（*M*=4.0254）、“业余实际”（*M*=4.0222）；“实践实际”（*M*=3.8095）排名最后，说明高中对学生社会实践活动重视度不够，学生评价最低。

表 1–3　高中生对自我健康发展的实际感知

	最小值	最大值	均值	标准差	偏度		峰度	
	统计值	统计值	统计值	统计值	统计值	标准误差	统计值	标准误差
环境实际	1.00	5.00	4.1587	0.74881	−0.863	0.137	1.690	0.274
住宿实际	1.00	5.00	4.0381	0.77694	−0.886	0.137	1.818	0.274
餐饮实际	1.00	5.00	4.0952	0.80036	−0.811	0.137	1.072	0.274
班主任实际	1.00	5.00	4.4921	0.70198	−1.584	0.137	3.551	0.274
课程实际	2.00	5.00	4.3016	0.69655	−0.545	0.137	−0.594	0.274
教师实际	3.00	5.00	4.4889	0.63525	−0.858	0.137	−0.307	0.274
业余实际	2.00	5.00	4.0222	0.72456	−0.337	0.137	−0.201	0.274
健康实际	2.00	5.00	4.5016	0.62524	−1.029	0.137	0.756	0.274
家庭实际	2.00	5.00	4.4889	0.67887	−1.158	0.137	0.816	0.274
经济实际	2.00	5.00	4.0921	0.72343	−0.446	0.137	−0.066	0.274
同学实际	1.00	5.00	4.3524	0.66267	−0.931	0.137	1.762	0.274
安全实际	2.00	5.00	4.3492	0.66674	−0.732	0.137	0.284	0.274
成绩实际	2.00	5.00	4.2698	0.71397	−0.500	0.137	−0.722	0.274
阅历实际	2.00	5.00	4.0794	0.79211	−0.258	0.137	−1.048	0.274
实践实际	1.00	5.00	3.8095	0.87893	−0.638	0.137	0.636	0.274
国家实际	1.00	5.00	4.0254	0.81349	−0.511	0.137	−0.094	0.274
家人实际	1.00	5.00	4.1841	0.77649	−0.907	0.137	1.210	0.274

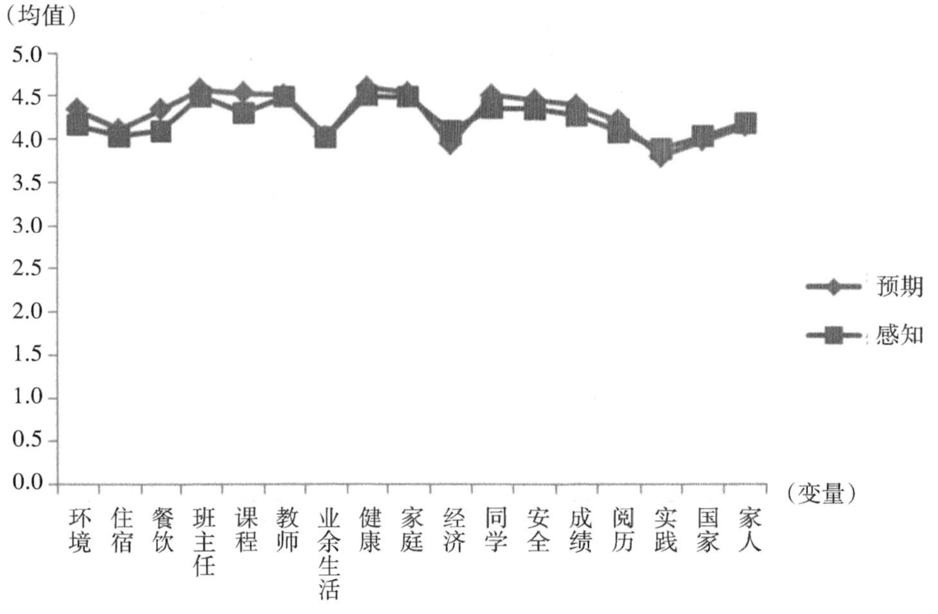

图1-5 学生预期感知均值示意图

2.期望与感知差异特征

分析期望与感知差异有助于进一步了解学生对自我健康发展质量的评价。期望均值为4.29，感知均值为4.22，期望值高于实际感知，说明实际发展态势低于学生预期，不利于学生形成较好的评价。具体项目表现中，预期均值好于感知均值的是“A环境”“B住宿”“C餐饮”“D班主任”“E课程学习”“F教师”“G业余生活”“H健康”“I家庭”“J经济”“K同学”“L安全”“M成绩”；预期均值等于感知均值的是“G业余”“N阅历”；预期均值低于感知均值的是“J经济”“O实践”“P国家”“Q家人”。接下来，采用配对样本T检验，观察预期与感知之间是存在显著性差异的，具体判断依据是概率*P*值，若该指数数值小于0.05，则说明存在显著差异；若该指数数值大于0.05，则说明不存在显著差异。观察具体调查数据可以发现，学生预期与实际感知绩效均值之间存在显著性差异的项目是“A环境”（*P*=0.000）、“C餐饮”（*P*=0.000）、“D班主任”（*P*=0.041）、“E课程”（*P*=0.000）、“H健康”（*P*=0.012）、“K同学”（*P*=0.000）、“L安全”（*P*=0.001）、“M成绩”（*P*=0.004）、“N阅历”（*P*=0.003），其中差异最大的项目是“C餐饮”，差异值为0.2413（见表1-4与表1-5）。

访谈记录1：校园环境和想象中的有差距。我在网络上看了几个视频，人家的校园有花有树有草地，有的还小桥流水，很是好看。我们这里虽然比不上人家，条件不好，但也可以把绿化美化做得再好点。一个人在鸟语花香的地方看书，应该是一件很不错的事情。

访谈记录2：我们的班主任对我们学生关注较多，但代课老师不太关注。原因很多，有的学习好，人家就记住了；有的有个性，也会被记住。但现在的问题是一个班八九十个同学，老师根本没有精力去关心每一个人，班级太大了。

访谈记录3：我对自己的成绩感到有点失望。考取中学之前，我是所在学校的尖子生，现在由于贪玩等原因，有几门课程成绩不理想。我想复读后再看看。我的舅舅对我的期待很高，还激励我上清华、北大，至少是中国排名前十之内的大学，现在看是不行了。

访谈记录4：现在国家的政策好得很。上高中之前，我没有想到我会享受到一些实惠。例如，我拿到了家庭贫困补助，去年还去了外地参加研学旅游。这些都是以前的学生没有办法享受到的。

访谈记录5：我们的班主任对待同学倒是不错，一视同仁，但口才不好，上课水平也一般。如果有个好的班主任的话，我的成绩也许会好一点。现在事实是这样，也没有办法。学习还是主要靠个人吧。

访谈记录6：不知怎么搞的，高中阶段我老感冒，影响了学习和考试。有次头疼得很，没有考好，班级内的名次没有保持住。不过，我不担心我的实力，我害怕高考那几天发生感冒，那就会对成绩有所影响。

表1–4 预期感知差异比较

要素	预期	感知	概率P值	差异值	原因说明
A环境	4.3397	4.1587	0	0.181	预期好于感知
B住宿	4.1111	4.0381	0.132	0.073	预期好于感知
C餐饮	4.3365	4.0952	0	0.2413	预期好于感知
D班主任	4.5746	4.4921	0.041	0.0825	预期好于感知
E课程	4.5333	4.3016	0	0.2317	预期好于感知
F教师	4.5079	4.4889	0.623	0.0190	预期好于感知
G业余	4.0222	4.0222	1	0	预期等丁感知
H健康	4.5968	4.5016	0.012	0.0952	预期好于感知
I家庭	4.5365	4.4889	0.255	0.0476	预期好于感知
J经济	3.9365	4.0921	0.001	–0.1556	预期低于感知
K同学	4.5111	4.3524	0	0.1587	预期好于感知
L安全	4.4508	4.3492	0.010	0.1016	预期好于感知
M成绩	4.3905	4.2698	0.004	0.1207	预期好于感知
N阅历	4.2032	4.0794	0.003	0.1238	预期好于感知

续表1-4

要素	预期	感知	概率P值	差异值	原因说明
O实践	3.8000	3.8095	0.854	-0.0095	预期低于感知
P国家	3.9841	4.0254	0.358	-0.0413	预期低于感知
Q家人	4.1492	4.1841	0.387	-0.0349	预期低于感知

表1-5　预期感知显著性差异比较分析

	配对差异					T值	自由度	双尾检测值
	均值	标准差	标准误差	偏差95%的置信区间				
				上限	下限			
环境预期－环境实际	0.18095	0.73728	0.04154	0.09922	0.26269	4.356	314	0
住宿预期－住宿实际	0.07302	0.85831	0.04836	-0.02213	0.16817	1.510	314	0.132
餐饮预期－餐饮实际	0.24127	0.96707	0.05449	0.13406	0.34848	4.428	314	0
班主任预期－班主任实际	0.08254	0.71350	0.04020	0.00344	0.16164	2.053	314	0.041
课程预期－课程实际	0.23175	0.72727	0.04098	0.15112	0.31237	5.655	314	0
教师预期－教师实际	0.01905	0.68628	0.03867	-0.05703	0.09513	0.493	314	0.623
业余预期－业余实际	0	0.82168	0.04630	-0.09109	0.09109	0	314	1.000
健康预期－健康实际	0.09524	0.66568	0.03751	0.02144	0.16903	2.539	314	0.012
家庭预期－家庭实际	0.04762	0.74073	0.04174	-0.03450	0.12974	1.141	314	0.255
经济预期－经济实际	-0.15556	0.84721	0.04773	-0.24948	-0.06163	-3.259	314	0.001
同学预期－同学实际	0.15873	0.66309	0.03736	0.08522	0.23224	4.249	314	0
安全预期－安全实际	0.10159	0.69289	0.03904	0.02477	0.17840	2.602	314	0.010
成绩预期－成绩实际	0.12063	0.73019	0.04114	0.03969	0.20158	2.932	314	0.004
阅历预期－阅历实际	0.12381	0.74048	0.04172	0.04172	0.20590	2.968	314	0.003
实践预期－实践实际	-0.00952	0.91514	0.05156	-0.11098	0.09193	-0.185	314	0.854
国家预期－国家实际	-0.04127	0.79502	0.04479	-0.12940	0.04686	-0.921	314	0.358
家人预期－家人实际	-0.03492	0.71520	0.04030	-0.11421	0.04437	-0.867	314	0.387

3.期望-感知的IPA模型分析

为了进一步了解高中生预期感知状况，采用IPA（Importance Performance Analysis）模型加以总结、归纳与分析。以“预期”为横坐标，以“实际感知”为纵坐标，依据各自均值，形成示意图与四个象限（见图1-6）。其中，第Ⅰ象限属于“优势发展区”，期望均值与实际感知实绩均值都很高，具体项目有“K同学”“L安全”“M成绩”“E课程学习”“D班主任”“F教师”“H健康”“I家庭”；第Ⅱ象限为“表现意外”区域，本区域内期望均值较低，但实际感知均值却很高，目前没有具体项目发布在此领域之内；第Ⅲ象限为“机会区域”，高中生的期望均值不高，实际感知实绩均值也不高，具体项目有：“B住宿”“O实践”“P国家”“J经济”“G业余生活”“N阅历”与“Q家人”；第Ⅳ象限为“亟须改进”区域，也就是期望均值很高，但是实际感知均值却不高，具体项目有“A环境”与“C餐饮”。

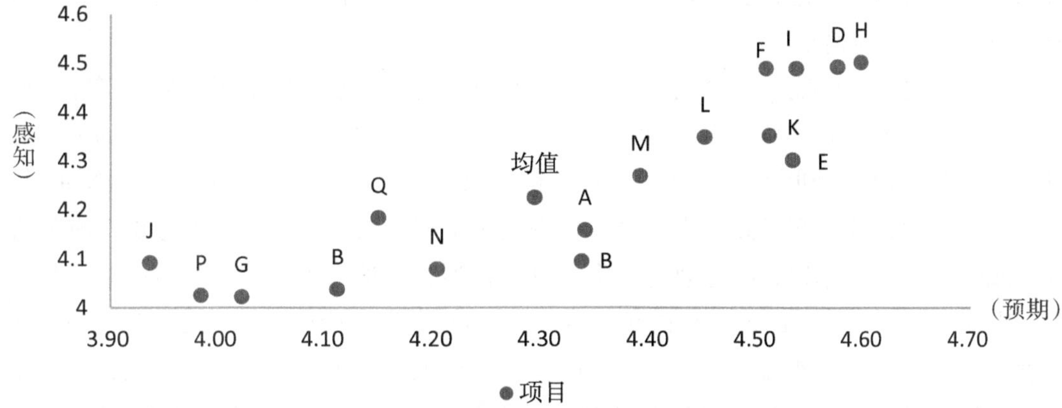

图1-6　预期感知的IPA模型分析图

三、总结思考

本次调查数据显示，目前高中生预期感知均值都较好，但相比之下，预期均值整体大于实际均值，说明学生健康发展态势与理想和预期之间存在一定差距，需要在实际教育教学工作中加以完善。具体来看，学生对高中就读期间的同学关系、校园安全、学业成绩、课程学习、班主任管理、教师素质、健康状况、家庭和谐度等评价指数较好，对餐饮、业余生活、实践活动、社会阅历方面的评价不高，是高中教育教学管理中存在的典型短板，需要政府、学校与家长协调配合，采取举措建造完善：

一是继续发挥比较优势。本次调查表明，“优势发展区”内的指标与要素有“K同学”“L安全”“M成绩”“E课程学习”“D班主任”“F教师”“ H健康”“I家庭”，因此各个学校可以继续保持现有优势，做好校园安全建设，重视学生身心健康，协调好学生、家长与学校的关系，尤其要加大师资队伍建设力度，通过学历提升、外出培训、交流开会等途径，建设好教师与班主任队伍，为高中生发展提供良好的人力资源与社会关系支持。

二是加大学生课外实践活动。调查结果表明，“O实践”“G业余生活”“N阅历”属于第Ⅲ象限内的重要因素，也就是说课外实践活动是“机会区域”的具体因子。这些要素看似平常，但有时候会对学生发展起到意外的促进作用。目前，很多高中都开始重视课外活动与实践，如西北师范大学附属中学举办的“梦之彼岸——第二届全国中学生校园诗会”活动形成了一定影响力；西安交通大学附属中学每年开展社会实践活动，如农村现状调查、环境污染现状调查、西安经济发展状况调查等社会实践，开展系列学术研究获得，大幅度提高了学生综合素养；北京大学附属中学坚持举办语文小论文写作、体育文化节等活动，提升了学生独立思考与研究的能力，为学校成为“优秀人才的摇篮”奠定了实践基础。古浪县等西部高中虽然在经费支持、设施配套方面无法和名校相提并论，但事在人为，只要转变思想，多积累经验，也还可以大有作为，满足学生发展需求。

三是优化学习环境。首先是自然环境。针对古浪县缺水干旱的区域环境实际，要选择适合本地生长的植被进入校园，加大绿化面积。其次，要营造成长成才的人文环境。一些名校邀请诺贝尔奖获得者、知名科学家、院士、企业家进入学校开展演说，参与学校活动，既开阔了高中生视野，也激发了他们的奋斗意识、进取意识，有的甚至形成强烈的赶超意识，励志效应非常良好。古浪县等地高中也有过类似举措，如古浪一中、古浪三中举办的校友恳谈联谊会，“大靖教育发展论坛”等系列活动，但存在持续性不足、程序不严谨、规模过小等问题，需要加以完善。鉴于实际情况，可以邀请甘肃知名学者、优秀校友开展此类活动，也可以通过和外地高校、高中“结对子”等帮扶形式，利用其他学校优势获得提升效应。

四是加大对学校发展历史和成就的宣传。目前，很多学校没有宣传自己的理念与意识，或者是认为本地学校大家都了解，没有必要大张旗鼓自夸自吹，应该把重点放在教育教学工作之中。这些观点有一定道理，但适度宣传非常必要，不但可以起到振奋人心的作用，还可以通过宣传加大对外交流，获得外界认可与支持，建议各学校积极建设校园网站，利用校友会等团体，在各地很好地开展宣传，使学校信息得到充分披露，扩大学校知名度与影响力。

本研究基于古浪县三个普通高中个案调查分析，基于期望-感知理论分析了当代高中生健康发展态势、问题，提出了对策，对现实有启迪价值。未来的提升点有三个方面：一是各个省市、县域之间教育发展水平不同，高中生健康发展态势也会不同，需要开展比较分析；二是需要建构结构方程模型开展进一步分析，探究具体机理；三是对不同性别、年级等群体的预期与感知做比较。这些只有留待以后开展系统研究，以补充完善现有研究成果的不足。

第二章 高中生心理健康状况及影响因素分析

第一节　研究设计

一、研究方法

采取的方法如下：一是应用SPSS与EXCELL软件，提取所有调查项目的最大值、最小值、均值、标准差，了解高中学生心理健康状况的基本态势；二是采用相关分析法，探究高中生性别、所在年级、家庭结构、家庭经济条件、交友偏好、体育运动偏好等人口社会学因素与心理健康状况的关系，探究其具体表现及差异。

二、研究工具

本研究参考相关文献，结合实际状况，编制《高中生心理健康状况调查问卷》一份，对古浪县三个普通高中学生的心理健康发展态势做调查。量表包括三大板块，第一板块为样本的人口社会学信息，统计学变量为性别（男、女）、所在年级（高一、高二、高三及高三复读）、家庭结构特征（三代人、两代人、父母离异、其他）、交际特征（知心朋友数量很多、知心朋友数量多、知心朋友数量一般、知心朋友数量少、知心朋友数量很少）、运动偏好程度（非常喜欢体育运动、喜欢体育运动、一般、不喜欢体育运动、非常不喜欢体育运动）、家庭经济条件（非常好、好、一般、不好、非常不好）、所在学校（一中、二中、三中）；第二板块为自我评价，涉及人际交往、社会适应、个人品质、个人情绪，一共18个变量（见表2-1）；第三板块为满意度测评，包括感到满意与感到幸福2个变量。问卷为5分制量表，1分表示完全不认同，2分表示不认同，3分表示一般，4分表示认同，5分表示完全认同，评价标准是均值在0～2.5分为不好，2.5～3.5为一般，3.5～5为较好（量表具体内容及项目见附录2）。

表2-1　心理健康评价指标体系设计

项目	一级指标	二级指标
心理健康评价指标体系	人际交往	A1我和陌生人或不熟悉的人很少交流 A2我和老师很少交流 A3我和同学很少交流 A4我和异性很少交流 A5我在公共场合不多说话
	社会适应	B1到新班级后我适应很快 B2到新学校后我适应很快 B3到新居住地后我适应很快 B4身体出现新变化后我适应很快
	个人品质	C1我对未来充满信心 C2我对自己各个方面不错 C3我老感觉自己某事或某些方面没有做好 C4我觉得自己的观点基本准确 C5我对有些人敌对或有过敌对行为
	个人情绪	D1考试前后很有压力 D2老感觉或有时候闷闷不乐 D3我的情绪不是很稳定 D4我对学习或其他事情提不起来兴趣

三、样本基本特征

本研究选取甘肃省古浪县第一中学、第二中学与第三中学的高中学生为调查对象。一共发放问卷300份，每个学校100份，共回收问卷296份，回收率为98.7%，其中有效问卷283份，有效回收率为94.3%。具体样本特征（见表2-2）是：性别方面，男性135人，所占比率为47.7%，女性148人，所占比率为52.3%；所在年级方面，高一年级101人，所占比率为35.7%，高二年级96人，所占比率为33.9%，高三年级50人，所占比率为17.7%，复读36人，所占比率为12.7%；家庭结构方面，家庭有三代人的164人，所占比率为58%，家庭有两代人的108人，所占比率为38.2%，家庭内父母离异的6人，所占比率为2.1%，其他为5人，所占比率为1.8%；知心朋友数量多少程度方面，非常少的有26人，所占比率为9.2%，少的有80人，所占比率为28.3%，一般的有143人，所占比率为50.5%，多的有31人，所占比率为11.0%，很多的有3人，所占比率为1.10%；体育运动喜欢程度方面，非常喜欢的有33人，所占比率为11.7%，喜欢的有103人，所占比率为36.4%，一般的有140人，所占比率为49.5%，不喜欢的有7人，所占比率为2.5%；家庭经济条件方面，条件较好的有5人，所占比率为1.8%，条件好的有31人，所占比率为11.0%，经济条件一般的有240人，所占比率为84.8%，条件不好的有7人，所占比率为2.5%；所在学校方面，古浪县第一中学97人，所占比率为34.3%，古浪县第二中学86人，所占比率为30.4%，古浪县第三中学100人，所占比例为35.3%。可见，大部分高中生不喜欢交际与运动，家庭经济条件一般，家庭比较完整，基本符合现实状况，样本的代表性很强。

表2-2　样本基本人口社会学信息

		人数(人)	所占比率(%)	有效比率(%)	累计比率(%)
性别	男	135	47.7	47.7	47.7
	女	148	52.3	52.3	100.0
所在年级	高一年级	101	35.7	35.7	35.7
	高二年级	96	33.9	33.9	69.6
	高三年级	50	17.7	17.7	87.3
	高三复读	36	12.7	12.7	100.0
家庭结构	三代人	164	58.0	58.0	58.0
	两代人	108	38.2	38.2	96.1
	单亲	6	2.1	2.1	98.2
	其他	5	1.8	1.8	100.0
知心朋友数量多少程度	非常少	26	9.2	9.2	9.2
	少	80	28.3	28.3	37.5
	一般	143	50.5	50.5	88.0
	多	31	11.0	11.0	98.9
	非常多	3	1.1	1.1	100.0
体育运动喜欢程度	非常喜欢	33	11.7	11.7	11.7
	喜欢	103	36.4	36.4	48.1
	一般	140	49.5	49.5	97.5
	不喜欢	7	2.5	2.5	100.0
家庭经济条件	不好	7	2.5	2.5	2.5
	一般	240	84.8	84.8	87.3
	好	31	11.0	11.0	98.2
	很好	5	1.8	1.8	100.0
所在学校	第一中学	97	34.3	34.3	34.3
	第二中学	86	30.4	30.4	64.7
	第三中学	100	35.3	35.3	100.0

第二节　描述性统计分析

一、人际交往特征

人际交往调查指标涉及与陌生人、老师、同学、异性、家人的交流以及在公共场合的交际表现。表2–3显示，对“我和陌生人或不熟悉的人很少交流”的认可度均值为3.4629，对“我和老师很少交流”的认可度均值为3.1307，对“我和家人很少交流”的认可度均值为2.5371，对“我和同学很少交流”的认可度均值为2.1413，对“我和异性很少交流”的认可度均值为2.5936，对“我在公共场合不多说话”的认可度均值为3.2721。可见，同学之间的交流互动最多最深入，家人之间的交流次之，和老师的交流位居第三，和陌生人或不熟悉的人交流较少，和异性之间的交流最少最不深入；高中学生在公共场合说话与开展交流的情况也非常不乐观。

表2–3　高中生人际交往特征

		我和陌生人很少交流	我和老师很少交流	我和家人很少交流	我和同学很少交流	我和异性很少交流	我在公共场合不多说话
样本数量（人）	有效值	283	283	283	283	283	283
	缺失值	0	0	0	0	0	0
均值		3.4629	3.1307	2.5371	2.1413	2.5936	3.2721
标准差		0.93846	0.89157	0.94599	0.88395	0.94956	1.05530
偏度		−0.242	0.043	0.437	0.681	0.142	−0.216
偏度标准误差		0.145	0.145	0.145	0.145	0.145	0.145
峰度		−0.247	−0.226	−0.213	0.344	−0.249	−0.382
峰度标准误差		0.289	0.289	0.289	0.289	0.289	0.289
最小值		1.00	1.00	1.00	1.00	1.00	1.00
最大值		5.00	5.00	5.00	5.00	5.00	5.00

具体表现特征如下：（1）“我和陌生人或不熟悉的人很少交流”方面，6人对此观点“很不认同”，所占比率为2.1%；34人对此观点不认同，所占比率为12.0%；103人

持一般态度或观点，所占比率为36.4%；103人对此观点“认同”，所占比率为36.4%；37人对此观点“很认同”，所占比率为13.3%。可见，140人表示认同，认同率为49.5%，40人不认同，不认同率为14.1%，认同率显著高于不认同率。（2）“我和老师很少交流”方面，7人对此观点“很不认同”，所占比率为2.5%；58人对此观点不认同，所占比率为20.5%；126人持一般态度或观点，所占比率为44.5%；75人对此观点“认同”，所占比率为26.5%；17人对此观点“很认同”，所占比率为6.0%。可见，92人表示认同，认同率为32.5%，65人不认同，不认同率为23.0%，认同率显著高于不认同率。（3）“我和家人很少交流”方面，31人对此观点“很不认同”，所占比率为11.0%；122人对此观点不认同，所占比率为43.1%；84人持一般态度或观点，所占比率为29.7%；39人对此观点“认同”，所占比率为13.8%；7人对此观点“很认同”，所占比率为2.5%。可见，153人表示不认同，不认同率为54.1%，46人认同，认同率为16.3%，不认同率显著高于认同率。（4）“我和同学很少交流”方面，65人对此观点“很不认同”，所占比率为23.0%；138人对此观点不认同，所占比率为48.8%；58人持一般态度或观点，所占比率为20.5%；19人对此观点“认同”，所占比率为6.7%；3人对此观点“很认同”，所占比率为1.1%。可见，203人表示不认同，认同率为71.8%，22人认同，认同率为7.8%，不认同率显著高于认同率。（5）“我和异性很少交流”方面，37人对此观点“很不认同”，所占比率为13.1%；90人对此观点不认同，所占比率为31.8%；114人持一般态度或观点，所占比率为40.3%；35人对此观点“认同”，所占比率为12.4%；7人对此观点“很认同”，所占比率为2.5%。可见，127人表示不认同，不认同率为44.9%，42人认同，认同率为14.8%，不认同率显著高于认同率。（6）“我在公共场合很少说话”方面，17人对此观点“很不认同”，所占比率为6.0%；42人对此观点不认同，所占比率为14.8%；107人持一般态度或观点，所占比率为37.8%；81人对此观点“认同”，所占比率为28.6%；36人对此观点“很认同”，所占比率为12.7%。可见，59人表示不认同，不认同率为20.8%，117人认同，认同率为41.3%，不认同率显著低于认同率。

表2-4　高中生人际交往特征具体表现

		人数(人)	所占比率(%)	有效比率(%)	累计比率(%)
我和陌生人很少交流	很不认同	6	2.1	2.1	2.1
	不认同	34	12.0	12.0	14.1
	一般	103	36.4	36.4	50.5
	认同	103	36.4	36.4	86.9
	很认同	37	13.1	13.1	100.0

续表2-4

		人数(人)	所占比率(%)	有效比率(%)	累计比率(%)
我和老师很少交流	很不认同	7	2.5	2.5	2.5
	不认同	58	20.5	20.5	23.0
	一般	126	44.5	44.5	67.5
	认同	75	26.5	26.5	94.0
	很认同	17	6.0	6.0	100.0
我和家人很少交流	很不认同	31	11.0	11.0	11.0
	不认同	122	43.1	43.1	54.1
	一般	84	29.7	29.7	83.7
	认同	39	13.8	13.8	97.5
	很认同	7	2.5	2.5	100.0
我和同学很少交流	很不认同	65	23.0	23.0	23.0
	不认同	138	48.8	48.8	71.7
	一般	58	20.5	20.5	92.2
	认同	19	6.7	6.7	98.9
	很认同	3	1.1	1.1	100.0
我和异性很少交流	很不认同	37	13.1	13.1	13.1
	不认同	90	31.8	31.8	44.9
	一般	114	40.3	40.3	85.2
	认同	35	12.4	12.4	97.5
	很认同	7	2.5	2.5	100.0
我在公共场合很少说话	很不认同	17	6.0	6.0	6.0
	不认同	42	14.8	14.8	20.8
	一般	107	37.8	37.8	58.7
	认同	81	28.6	28.6	87.3
	很认同	36	12.7	12.7	100.0

二、社会适应特征

社会适应调查指标涉及对环境适应与对身体变化适应。表2-5显示，对“到新班级很快适应”的认可度均值为3.4629，对“到新学校很快适应”的认可度均值为3.4664，对“到新居住地很快适应”的认可度均值为3.5159，对“身体出现变化很快适应”的认可度均值为3.4841。可见高中生对新居住地的适应程度最高，对身体变化的适应程度次之，对新学校的适应程度位居第三，对新班级的适应程度最低。

表2-5　高中生社会适应特征

		到新班级很快适应	到新学校很快适应	到新居住地很快适应	身体出现变化很快适应
样本数量(人)	有效值	283	283	283	283
	缺失值	0	0	0	0
均值		3.4629	3.4664	3.5159	3.4841
标准差		0.87592	0.87201	0.88462	0.85194
偏度		0.066	0.007	−0.250	−0.314
偏度标准误差		0.145	0.145	0.145	0.145
峰度		−0.529	−0.373	−0.125	0.027
峰度标准误差		0.289	0.289	0.289	0.289
最小值		1.00	1.00	1.00	1.00
最大值		5.00	5.00	5.00	5.00

具体表现特征如下：（1）“到新班级很快适应”的认同度方面，1人对此观点“很不认同”，所占比率为0.4%；34人对此观点不认同，所占比率为12.0%；117人持一般态度或观点，所占比率为41.3%；95人对此观点“认同”，所占比率为33.6%；36人对此观点“很认同”，所占比率为12.7%。可见，131人表示认同，认同率为46.3%，35人不认同，不认同率为12.4%，认同率显著高于不认同率。（2）“到新居住地很快适应”的认同度方面，4人对此观点“很不认同”，所占比率为1.4%；28人对此观点不认同，所占比率为9.9%；104人持一般态度或观点，所占比率为36.7%；112人对此观点“认同”，所占比率为39.6%；35人对此观点“很认同”，所占比率为12.4%。可见，147人表示认同，认同率为51.9%，32人不认同，不认同率为11.3%，认同率显著高于不认同率。（3）“到新学校很快适应”的认同度方面，2人对此观点“很不认同”，所占比率为0.7%；31人对此观点不认同，所占比率为11.0%；118人持一般态度或观点，所占比率为41.7%；97人对此观点“认同”，所占比率为34.3%；35人对此观点“很认同”，所占比率为12.4%。可见，132人表示认同，认同率为46.6%，33人不认同，不认同率为11.7%，认同率显著高于不认同率。（4）“身体出现变化很快适应”的认同度方面，4人对此观点“很不认同”，所占比率为1.4%；28人对此观点不认同，所占比率为9.9%；105人持一般态度或观点，所占比率为37.1%；119人对此观点“认同”，所占比率为42.0%；27人对此观点“很认同”，所占比率为9.5%；可见，146人表示认同，认同率为51.5%，32人不认同，不认同率为11.3%，认同率显著高于不认同率。

表2-6　高中生社会适应特征具体表现

		人数(人)	所占比率(%)	有效比率(%)	累计比率(%)
到新班级很快适应	很不认同	1	0.4	0.4	0.4
	不认同	34	12.0	12.0	12.4
	一般	117	41.3	41.3	53.7
	认同	95	33.6	33.6	87.3
	很认同	36	12.7	12.7	100.0
到新居住地很快适应	很不认同	4	1.4	1.4	1.4
	不认同	28	9.9	9.9	11.3
	一般	104	36.7	36.7	48.1
	认同	112	39.6	39.6	87.6
	很认同	35	12.4	12.4	100.0
到新学校很快适应	很不认同	2	0.7	0.7	0.7
	不认同	31	11.0	11.0	11.7
	一般	118	41.7	41.7	53.4
	认同	97	34.3	34.3	87.6
	很认同	35	12.4	12.4	100.0
身体出现变化很快适应	很不认同	4	1.4	1.4	1.4
	不认同	28	9.9	9.9	11.3
	一般	105	37.1	37.1	48.4
	认同	119	42.0	42.0	90.5
	很认同	27	9.5	9.5	100.0

三、个人品质特征

个人品质调查指标涉及自信心、自尊心、强迫症、偏执症、敌对症。表2-7显示，对“对自己未来很自信”的认可度均值为3.6926，对“觉得自己各方面不错”的认可度均值为3.3145，对“总感觉有些事没做好”的认可度均值为3.4594，对“觉得自己的观点基本正确”的认可度均值为3.3004，对“对有些人敌对或有过敌对行为”的认可度均值为2.8021。可见高中生对自己整体比较自信，但有焦虑心理，有时候会认为自己老是没有把事情做好；高中学生存在敌对心理行为的人数较少。

表 2–7　高中生个人品质特征

		对自己未来很自信	觉得自己各方面不错	总感觉有些事没做好	觉得自己的观点基本正确	对有些人敌对或有过敌对行为
样本数量（人）	有效值	283	283	283	283	283
	缺失值	0	0	0	0	0
均值		3.6926	3.3145	3.4594	3.3004	2.8021
标准差		0.88377	0.78778	0.88382	0.82400	1.02956
偏度		−0.164	0.169	−0.357	−0.110	0.130
偏度标准误差		0.145	0.145	0.145	0.145	0.145
峰度		−0.416	0.084	−0.068	−0.017	−0.612
峰度标准误差		0.289	0.289	0.289	0.289	0.289
最小值		1.00	1.00	1.00	1.00	1.00
最大值		5.00	5.00	5.00	5.00	5.00

表 2–8　高中生个人品质特征具体表现

		人数（人）	所占比率（%）	有效比率（%）	累计比率（%）
对自己未来很自信	很不认同	2	0.7	0.7	0.7
	不认同	18	6.4	6.4	7.1
	一般	101	35.7	35.7	42.8
	认同	106	37.5	37.5	80.2
	很认同	56	19.8	19.8	100.0
觉得自己各方面不错	很不认同	2	0.7	0.7	0.7
	不认同	31	11.0	11.0	11.7
	一般	146	51.6	51.6	63.3
	认同	84	29.7	29.7	92.9
	很认同	20	7.1	7.1	100.0
总感觉有些事没做好	很不认同	5	1.8	1.8	1.8
	不认同	33	11.7	11.7	13.4
	一般	99	35.0	35.0	48.4
	认同	119	42.0	42.0	90.5
	很认同	27	9.5	9.5	100.0
觉得自己的观点基本正确	很不认同	4	1.4	1.4	1.4
	不认同	37	13.1	13.1	14.5
	一般	129	45.6	45.6	60.1
	认同	96	33.9	33.9	94.0
	很认同	17	6.0	6.0	100.0

续表2-8

		人数(人)	所占比率(%)	有效比率(%)	累计比率(%)
对有些人敌对或有过敌对行为	很不认同	27	9.5	9.5	9.5
	不认同	89	31.4	31.4	41.0
	一般	93	32.9	32.9	73.9
	认同	61	21.6	21.6	95.4
	很认同	13	4.6	4.6	100.0

具体表现特征如下：（1）“对自己未来很自信”的认同度方面，2人对此观点“很不认同”，所占比率为0.7%；18人对此观点不认同，所占比率为6.4%；106人持一般态度或观点，所占比率为35.7%；106人对此观点“认同”，所占比率为37.5%；56人对此观点“很认同”，所占比率为37.5%。可见，162人表示认同，认同率为57.3%，20人不认同，不认同率为7.1%，认同率显著高于不认同率。（2）“觉得自己各方面不错”的认同度方面，2人对此观点“很不认同”，所占比率为0.7%；31人对此观点不认同，所占比率为11.0%；146人持一般态度或观点，所占比率为51.6%；84人对此观点“认同”，所占比率为29.7%；20人对此观点“很认同”，所占比率为7.1%。可见，104人表示认同，认同率为36.7%，33人不认同，不认同率为11.7%，认同率显著高于不认同率。（3）“总感觉有些事没做好”的认同度方面，5人对此观点“很不认同”，所占比率为1.8%；33人对此观点不认同，所占比率为11.7%；99人持一般态度或观点，所占比率为35.0%；119人对此观点“认同”，所占比率为42.0%；27人对此观点“很认同”，所占比率为9.5%。可见，146人表示认同，认同率为51.5%，38人不认同，不认同率为13.5%，认同率显著高于不认同率。（4）“觉得自己的观点基本正确”的认同度方面，4人对此观点“很不认同”，所占比率为1.4%；37人对此观点不认同，所占比率为13.1%；129人持一般态度或观点，所占比率为45.6%；96人对此观点“认同”，所占比率为33.9%；17人对此观点“很认同”，所占比率为6.0%。可见，113人表示认同，认同率为39.9%，41人不认同，不认同率为14.5%，认同率显著高于不认同率。（5）“对有些人敌对或有过敌对行为”的认同度方面，27人对此观点“很不认同”，所占比率为9.5%；89人对此观点不认同，所占比率为31.4%；93人持一般态度或观点，所占比率为32.9%；61人对此观点“认同”，所占比率为21.6%；13人对此观点“很认同”，所占比率为4.6%。可见，74人表示认同，认同率为26.1%，116人不认同，不认同率为41.0%，认同率显著低于不认同率。

四、个人情绪特征

情绪指的是个体对自身与外部世界的一种心理与生理上的反应。情绪没有好坏之区别，但有积极与消极之划分。积极情绪可以激发人的动力，产生好的绩效，消极情绪会使人工作绩效受到影响。因此，做好情绪管理对个人发展极其重要。本次调查研究中，个人情绪调查指标涉及压力感、焦虑感、暴躁感、抑郁感。表2–9显示，对“考试前会有压力”的认可度均值为3.3110，对“总感觉自己闷闷不乐”的认可度均值为2.9647，对“情绪不是很稳定”的认可度均值为2.9647，对“对学习或是其他事情提不起兴趣”的认可度均值为2.4594。可见高中生面临的最大情绪问题是考试升学与竞争带来的心理压力，具有焦虑心理、抑郁心理特征的高中学生人数也不少。

表2–9　高中生个人情绪特征

		考试前会有压力	总感觉自己闷闷不乐	情绪不是很稳定	对学习或是其他事情提不起兴趣
样本数量(人)	有效值	283	283	283	283
	缺失值	0	0	0	0
均值		3.3110	2.9647	2.9647	2.4594
标准差		0.99044	1.03081	1.08446	0.98981
偏度		−0.237	0.149	0.054	0.456
偏度标准误差		0.145	0.145	0.145	0.145
峰度		−0.257	−0.362	−0.685	−0.232
峰度标准误差		0.289	0.289	0.289	0.289
最小值		1.00	1.00	1.00	1.00
最大值		5.00	5.00	5.00	5.00

具体表现特征如下：（1）“考试前会有压力”的认同度方面，12人对此观点“很不认同”，所占比率为4.2%；41人对此观点不认同，所占比率为14.5%；108人持一般态度或观点，所占比率为38.2%；91人对此观点“认同”，所占比率为32.2%；31人对此观点“很认同”，所占比率为11.0%。可见，122人表示认同，认同率为43.2%，53人不认同，不认同率为18.7%，认同率略微低于不认同率。（2）“总感觉自己闷闷不乐”的认同度方面，20人对此观点“很不认同”，所占比率为7.1%；71人对此观点不认同，所占比率为25.1%；115人持一般态度或观点，所占比率为40.6%；53人对此观点“认同”，所占比率为18.7%；24人对此观点“很认同”，所占比率为8.5%。可见，77人表示认同，认同率为27.2%，91人不认同，不认同率为32.2%，认同率低于不认同率。（3）“情绪不是很稳定”的认同度方面，24人对此观点“很不认同”，所占比率为8.5%；76人对此观点不认同，所占比率为26.9%；92人持一般态度或观点，所占比率为32.5%；68人对此观点“认同”，所占比率为24.0%；24人对此观点“很认同”，所占比率为8.1%。可见，91人表示认同，认同率为32.1%，100人不认同，不认同率为35.3%，认同率低于不认同率。（4）“对学习或是其他事情提不起兴趣”的认同度方面，

44人对此观点“很不认同”，所占比率为15.5%；116人对此观点不认同，所占比率为41.0%；80人持一般态度或观点，所占比率为28.3%；35人对此观点“认同”，所占比率为12.4%；8人对此观点“很认同”，所占比率为2.8%。可见，43人表示认同，认同率为15.2%，160人不认同，不认同率为56.5%，认同率低于不认同率。综上所述，高中生受到学习环境、个人要素、家庭要素等影响，在情绪方面出现若干消极情绪，需要通过自身情绪管理与学校人文关怀相结合，化消极情绪为积极情绪，形成健康发展的心理支持。

表2-10　高中生个人情绪特征具体表现

		人数(人)	所占比率(%)	有效比率(%)	累计比率(%)
	很不认同	12	4.2	4.2	4.2
	不认同	41	14.5	14.5	18.7
	一般	108	38.2	38.2	56.9
	认同	91	32.2	32.2	89.0
	很认同	31	11.0	11.0	100.0
总感觉自己闷闷不乐	很不认同	20	7.1	7.1	7.1
	不认同	71	25.1	25.1	32.2
	一般	115	40.6	40.6	72.8
	认同	53	18.7	18.7	91.5
	很认同	24	8.5	8.5	100.0
情绪不是很稳定	很不认同	24	8.5	8.5	8.5
	不认同	76	26.9	26.9	35.3
	一般	92	32.5	32.5	67.8
	认同	68	24.0	24.0	91.9
	很认同	23	8.1	8.1	100.0
对学习或是其他事情提不起兴趣	很不认同	44	15.5	15.5	15.5
	不认同	116	41.0	41.0	56.5
	一般	80	28.3	28.3	84.8
	认同	35	12.4	12.4	97.2
	很认同	8	2.8	2.8	100.0

第三节　相关分析

一、人口社会学因素与人际交往特征的相关性分析

人际交往特征受到个体多重因素影响，性别、家庭、交友数量、体育运动偏好、家庭条件都会有所影响。本研究基于数据，对具体影响与差异做分析。数据显示（见表2-11），性别、所在年级、家庭结构、所在学校四个因素和人际交往特征之间没有相关关系，概率P值都大于0.05；朋友数量和人际交往特征之间具有相关关系，概率P值都小于0.05，其中皮尔逊相关系数（Pearson Correlation）分别为0.272（我和陌生人很少交流）、0.242（我和老师很少交流）、0.185（我和家人很少交流）、0.224（我和同学很少交流）、0.213（我和异性很少交流）和0.323（我在公共场合不多说话）。这说明善于交际者知心朋友较多，拥有知心朋友数量多者在社会交际方面的心理健康指数较强；每周参加体育运动次数与人际交往指标中的两个变量具有相关关系，也就是说在“我和陌生人很少交流”与“我和老师很少交流”方面有显著性关联，原因是参加体育运动者会在赛场或锻炼场所遇到不同类别的陌生人，会增多与老师的接触互动；家庭经济条件和人际交往特征之间具有相关关系，具体表现在“我和家人很少交流”变量上，概率为0.034，相关系数为0.126。

表2-11　高中生人口社会学特征与人际交往特征的相关性

		我和陌生人很少交流	我和老师很少交流	我和家人很少交流	我和同学很少交流	我和异性很少交流	我在公共场合不多说话
性别	皮尔逊相关系数	0.109	0.029	0.004	−0.072	0.016	0.072
	双尾检测概率	0.066	0.627	0.949	0.230	0.789	0.227
	样本数(人数)	283	283	283	283	283	283
年级	皮尔逊相关系数	0.112	0.059	0.017	0	−0.013	0.011
	双尾检测概率	0.060	0.319	0.771	0.998	0.832	0.856
	样本数(人数)	283	283	283	283	283	283
家庭	皮尔逊相关系数	0.003	0.027	0.003	0.000	0.005	0.015
	双尾检测概率	0.959	0.646	0.960	0.993	0.932	0.808
	样本数(人数)	283	283	283	283	283	283

续表2-11

		我和陌生人很少交流	我和老师很少交流	我和家人很少交流	我和同学很少交流	我和异性很少交流	我在公共场合不多说话
朋友数量	皮尔逊相关系数	0.272**	0.241**	0.185**	0.224**	0.213**	0.323**
	双尾检测概率	0	0	0.002	0	0	0
	样本数(人数)	283	283	283	283	283	283
运动次数	皮尔逊相关系数	0.135*	0.176**	0.052	0.055	0.109	0.111
	双尾检测概率	0.023	0.003	0.387	0.360	0.068	0.062
	样本数(人数)	283	283	283	283	283	283
家庭经济	皮尔逊相关系数	0.115	0.078	0.126*	0.112	0.024	0.083
	双尾检测概率	0.054	0.192	0.034	0.060	0.687	0.166
	样本数(人数)	283	283	283	283	283	283
学校	皮尔逊相关系数	0.048	0.036	0.021	0.021	0.037	0.029
	双尾检测概率	0.421	0.544	0.729	0.722	0.538	0.628
	样本数(人数)	283	283	283	283	283	283

*. 相关性在0.05水平（双尾）具有重要意义。

**. 相关性在0.01水平（双尾）具有重要意义。

二、人口社会学因素与社会适应特征的相关性分析

社会适应特征也受到个体多重人口社会学因素影响。本研究基于数据，对具体影响与差异做分析。数据显示（见表2-12），性别方面与变量“身体出现变化很快适应”相关，也就是男女性之间存在一定差异；所在年级、家庭结构与社会适应特征之间没有相关关系，概率P值都大于0.05；朋友数量和社会特征之间具有正相关关系，概率P值都小于0.05，其中皮尔逊相关系数（Pearson Correlation）分别为0.229（到新班级很快适应）、0.214（到新学校很快适应）、0.169（到新居住地很快适应）、0.135（身体出现变化很快适应），说明朋友越多，社会适应能力越强，社会适应能力越强，朋友数量越多；“每周体育运动次数”变量与和社会特征之间具有正相关关系，概率P值都小于0.05，其中皮尔逊相关系数（Pearson Correlation）分别为0.150（到新班级很快适应）、0.153（到新学校很快适应）、0.168（到新居住地很快适应）、0.158（身体出现变化很快适应）；家庭经济条件和社会适应中的“身体出现变化很快适应”之间具有相关关系，概率为0.034，相关系数为0.138，主要原因是经济条件较好者在医疗卫生和健康方面的意识较强，获取知识信息较多。

表2-12 高中生人口社会学特征与社会适应特征的相关性

		到新班级很快适应	到新学校很快适应	到新居住地很快适应	身体出现变化很快适应
性别	皮尔逊相关系数	0.093	0.114	0.115	0.163**
	双尾检测概率	0.118	0.055	0.053	0.006
	样本数(人数)	283	283	283	283
年级	皮尔逊相关系数	0.029	0.073	0.024	0.016
	双尾检测概率	0.628	0.224	0.685	0.793
	样本数(人数)	283	283	283	283
家庭	皮尔逊相关系数	0.042	0.045	0.042	0.017
	双尾检测概率	0.485	0.448	0.480	0.770
	样本数(人数)	283	283	283	283
朋友数量	皮尔逊相关系数	0.229**	0.214**	0.169**	0.135*
	双尾检测概率	0	0	0.004	0.023
	样本数(人数)	283	283	283	283
运动次数	皮尔逊相关系数	0.150*	0.153**	0.168**	0.158**
	双尾检测概率	0.011	0.010	0.005	0.008
	样本数(人数)	283	283	283	283
家庭经济	皮尔逊相关系数	0.090	0.110	0.106	0.138*
	双尾检测概率	0.130	0.064	0.076	0.021
	样本数(人数)	283	283	283	283
学校	皮尔逊相关系数	0.076	0.105	0.084	0.033
	双尾检测概率	0.205	0.078	0.160	0.585
	样本数(人数)	283	283	283	283
*. 相关性在0.05水平（双尾）具有重要意义。 **. 相关性在0.01水平（双尾）具有重要意义。					

三、人口社会学因素与个人品质特征的相关性分析

个体多重人口社会学因素会对个人品质特征有所影响。本研究基于数据，对具体影响与差异做分析。数据显示（见表2-13），性别方面与变量“觉得自己各方面不错”与“对有些人敌对或有过敌对行为”之间存在相关关系，也就是男女性之间存在一定差异；所在年级与个人品质特征中的“觉得自己的观点基本正确”之间有相关关系，概率P值小于0.05；朋友数量和个人品质特征的“对自己未来很自信”“觉得自己各方面不错”之间具有正相关关系，概率P值都小于0.05，其中皮尔逊相关系数（Pearson Correlation）分别为0.122与0.212，说明朋友越多，自信心越强；“每周体育运动次数”变量与社会特征的“对自己未来很自信”“觉得自己各方面不错”“觉得自己的观点基

本正确”之间具有正相关关系，概率P值都小于0.05，其中皮尔逊相关系数（Pearson Correlation）分别为0.170、0.254与0.162；家庭经济条件和个人品质中的“对自己未来很自信”之间具有相关关系，概率为0.034，相关系数为0.124，主要原因是经济条件较好者在各方面获得的支持度较强，心理优势显著。

表2-13　高中生人口社会学特征与个人品质特征的相关性

		对自己未来很自信	觉得自己各方面不错	总感觉有些事没做好	觉得自己的观点基本正确	对有些人敌对或有过敌对行为
性别	皮尔逊相关系数	0.060	0.131*	0.096	0.116	0.129*
	双尾检测概率	0.313	0.028	0.106	0.052	0.030
	样本数(人数)	283	283	283	283	283
年级	皮尔逊相关系数	0.065	0.072	0.017	0.155**	0.020
	双尾检测概率	0.278	0.225	0.774	0.009	0.741
	样本数(人数)	283	283	283	283	283
家庭	皮尔逊相关系数	0.067	0.089	0.006	0.071	0.047
	双尾检测概率	0.264	0.136	0.917	0.233	0.426
	样本数(人数)	283	283	283	283	283
朋友数量	皮尔逊相关系数	0.122*	0.212**	0.022	0.085	0.059
	双尾检测概率	0.041	0.000	0.708	0.153	0.324
	样本数(人数)	283	283	283	283	283
运动次数	皮尔逊相关系数	0.170**	0.254**	0.024	0.162**	0.090
	双尾检测概率	0.004	0.000	0.683	0.006	0.130
	样本数(人数)	283	283	283	283	283
家庭经济	皮尔逊相关系数	0.124*	0.069	0.049	0.012	0.116
	双尾检测概率	0.037	0.248	0.408	0.842	0.051
	样本数(人数)	283	283	283	283	283
学校	皮尔逊相关系数	0.048	0.059	0.035	0.128*	0.023
	双尾检测概率	0.425	0.323	0.553	0.031	0.699
	样本数(人数)	283	283	283	283	283

*. 相关性在0.05水平（双尾）具有重要意义。

**. 相关性在0.01水平（双尾）具有重要意义。

四、人口社会学因素与个人情绪特征的相关性分析

个体多重人口社会学因素会对个人情绪特征有所影响。本研究基于数据，对具体影响与差异做分析。数据显示（见表2-14），性别方面与变量“对学习或其他事情提不起兴趣”相关，也就是男女性之间存在一定差异；所在年级、所在学校、朋友数量、每周运动次数与社会个人情绪特征之间没有相关关系，概率P值大于0.05；家庭结构与情绪不是很稳定之间有相关关系，单亲等家庭由于家庭矛盾要素，学生情绪起伏很大；家庭经济条件和个人情绪特征中的“考试压力感”之间具有正相关关系，概率P值小于0.05，其中皮尔逊相关系数（Pearson Correlation）为0.143。

表2-14　高中生人口社会学特征与个人情绪特征的相关性

		考试前会有压力	总感觉自己闷闷不乐	情绪不是很稳定	对学习或是其他事情提不起兴趣
性别	皮尔逊相关系数	0.093	0.012	0.031	0.157**
	双尾检测概率	0.119	0.838	0.601	0.008
	样本数(人数)	283	283	283	283
年级	皮尔逊相关系数	0.075	0.056	0.006	0.054
	双尾检测概率	0.206	0.344	0.925	0.366
	样本数(人数)	283	283	283	283
家庭	皮尔逊相关系数	0.006	0.080	0.133*	0.091
	双尾检测概率	0.926	0.177	0.025	0.128
	样本数(人数)	283	283	283	283
朋友数量	皮尔逊相关系数	0.015	0.011	0.010	0.042
	双尾检测概率	0.799	0.855	0.862	0.487
	样本数(人数)	283	283	283	283
运动次数	皮尔逊相关系数	0.017	0.020	0.028	0.013
	双尾检测概率	0.781	0.735	0.637	0.831
	样本数(人数)	283	283	283	283
家庭经济	皮尔逊相关系数	0.143*	0.057	0.061	0.077
	双尾检测概率	0.016	0.342	0.304	0.197
	样本数(人数)	283	283	283	283
学校	皮尔逊相关系数	0.051	0.037	0.043	0.092
	双尾检测概率	0.392	0.540	0.475	0.124
	样本数(人数)	283	283	283	283

*. 相关性在0.05水平（双尾）具有重要意义。

**. 相关性在0.01水平（双尾）具有重要意义。

第四节　总结思考

一、结论与分析

心理健康表现在人际交往、社会适应、个人品质与个人情绪四个层面，高中生在以上四个层面的表现整体不错，在社会适应方面的能力较为突出，个人品质与个人情绪状态较好，这说明当代高中生心理健康状态整体较好，但也存在显著问题：一是内部差异很大（见表2-15与图2-1）。一方面，四个层面的表现不同，有的均值较高，有的均值较低；另一方面由于家庭经济条件、体育锻炼次数等因素作用，表现各不相同。二是人际交往问题最为突出。其中对“A1我和陌生人很少交流”“A3我和家人很少交流”“A5我和异性很少交流”等变量的认可度较高，交往意识、交际能力都需要大力提高。三是个人品质方面存在一些问题。具体是存在强迫感（C3总感觉有些事没做好）、固执感（C4觉得自己的观点基本正确）和敌对感（C5对有些人敌对或有过敌对行为）。四是个人情绪问题值得关注。最突出的是考试压力与焦虑心态需要得到及时化解。

表2-15　高中生心理健康整体特征

变量	A1我和陌生人很少交流	A2我和老师很少交流	A3我和家人很少交流	A4我和同学很少交流	A5我和异性很少交流	A6我在公共场合不多说话
均值	3.4629	3.1307	2.5371	2.1413	2.5936	3.2721
变量	B1到新班级很快适应	B2到新学校很快适应	B3到新居住地很快适应	B4身体出现变化很快适应		
均值	3.4629	3.4664	3.5159	3.4841		
变量	C1对自己未来很自信	C2觉得自己各方面不错	C3总感觉有些事没做好	C4觉得自己的观点基本正确	C5对有些人敌对或有过敌对行为	
均值	3.6926	3.3145	3.4594	3.3004	2.8021	
变量	D1考试前会有压力	D2总感觉自己闷闷不乐	D3情绪不是很稳定	D4对学习或是其他事情提不起兴趣		
均值	3.3110	2.9647	2.9647	2.4594		

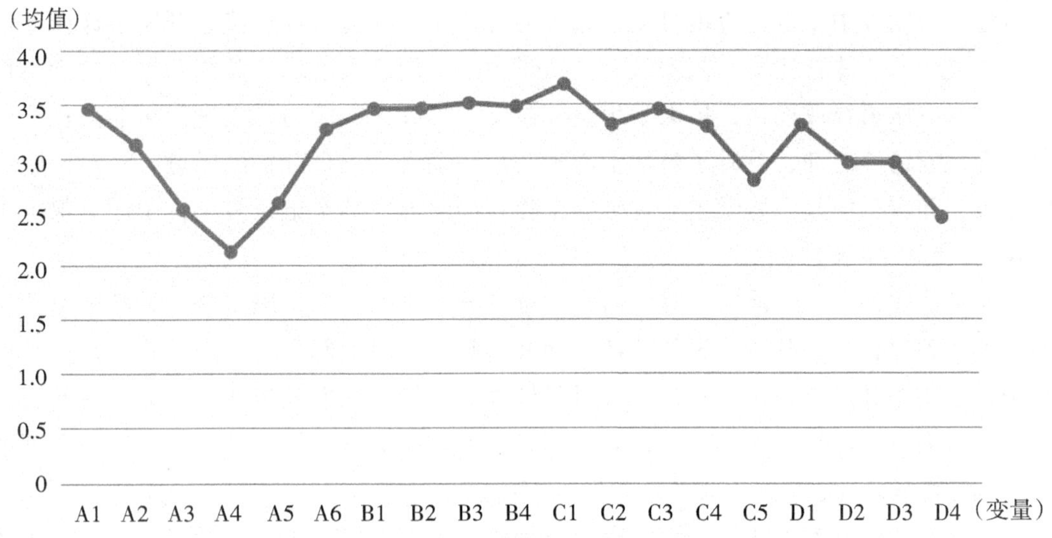

图 2-1 高中生心理健康整体特征示意图

二、对策建议

鉴于高中生在心理健康方面存在的一些问题，需要在教育教学与日常生活管理中从如下三方面入手，提升心理健康指数：

一是加强心理健康教育。各级教育管理部门与教师、家长需要转变观念，不可单纯关注学生学业成绩，而是要全面发展，对心理健康状况也给予重视，增加相关课程，加大师资力量建设，结合现实需要强化相关组织、机构与经费支持力度，为心理健康教育提供保障；适度开展心理健康课程，可以通过问题答疑、专题讲座、主题活动、校园广播宣传等多样形式，有效传播相关知识，使高中学生对心理健康有所认知，对自身态势有基本判断。教师在课堂教学中要做好心理健康教育，使各科知识与心理健康教育融合，这样既可激发学生的学习兴趣，改善听课效果，也可以提高心理健康教育效果，可谓一箭多雕，一举多得。

二是要营造和谐的人文环境。家庭在关心孩子学业的同时，对孩子衣食住行和内心也要给予关照，不可过度指责，也不可由于家务或工作繁忙而对孩子的发展有所忽视；有家庭矛盾的，家庭要顾及孩子发展与前途，不可在孩子面前吵架谩骂，互相攻击，或者为利益发生争执，要给孩子制造宽松愉悦的成长环境。学校教师要从内心关心学生，做到一视同仁，将学生视为自己的孩子对待，对学业优秀者不过分夸奖，以防止其形成骄傲心理，对成绩不佳者不挖苦讽刺，以避免使其形成自卑心理，以良好的职业素养、道德情操感化学生，确保学生身心健康发展。

三是及时疏导不良情绪。对学生存在的社会交往、个人品质等问题，要在课内课外具体干预，提升其应对能力；在学校开办心理咨询坊，开通心理咨询热线，开展心理治疗，帮助高中生度过心理难关，化解心理阴影，获得心理优势；开展多样课外活动，如夏令营、体育比赛、艺术晚会、研学旅游、周末大讲坛、英语角等，使学生在学习之余有压力释放途径，扩大学生交际网络，提高交际能力、处理问题能力；开展家长会、家访等活动，及时了解学生心理与思想动态，发现存在的问题，针对问题提出对策，和家长一起做好学生心理健康工作；同时要在档案记录等工作中注意保护学生隐私，解决好学生害怕别人知晓自己隐私的后顾之忧。

四是精准开展心理治疗。对生活在父母离异家庭的学生，班主任和教师要给予足够的关爱关注，弥补其所缺失的感情，使其情绪上不要大起大落；对经济条件一般的孩子，要增强其对未来的信心，要通过具体案例和榜样激发其奋斗的动力，使其通过自我努力来改变命运和贡献社会；对女同学也要特殊关照，针对其生理结构与心理细腻敏感等特征，细心疏导，避免心理发生不良情节。

总之，高中是人生的最关键阶段，心理健康状态不但关乎高中学习与生活，还会对学生在大学阶段发展乃至一辈子生活工作中有长远影响。各个相关主体应该顺应社会发展趋势，针对存在的问题，以问题为导向，及时化解问题和困境，使学生健康发展，成为对国家有用的人才，为社会、家庭和个人发展奠定心理健康基础。

第三章
文化与高中生健康发展
——从地域文化视角分析

第一节 地域文化对教育的影响

一、地域文化概述

1. 文化

文化（Culture）是一种客观存在的社会现象，自人类诞生以来就出现了。但对于文化的概念界定，国内外学者却有不同看法，难以统一。我国古代经典文献《易经》在贲卦中写道："刚柔交错，天文也；文明以止，人文也。关乎天文以察时变，关乎人文以化成天下。"此后，其他文献中也出现了深入分析，如对"文"的解释，《礼记》中说："五色成文而不乱"，《论语》认为"文质彬彬，然后君子"，也就是说文的意思为形成真善美之意；关于"化"的理解，《庄子》《黄帝内经》等都有论述，如认为"化而为鸟""万物化生"，可见所谓的"化"，意思就是改变。因此"文"与"化"合起来就是"文化"，意思为对人的教化。在西方，早期对文化的解释和我国有相同之处，认为文化就是对人能力进行的培养及训练，在后期则大相径庭，认为文化是人为力量所创造的一切成果。本研究认为，所谓文化就是人类创造出来的一切物质和精神产品的综合。文化具有如下特点：一是综合性。不但包括衣食住行、婚丧嫁娶，也包括看不见但可以感受得到的思想观念。二是变迁性。文化不是固定不变的，而是伴随着时代发展与环境变化不断发生变化的。如"三从四德"是古代中国封建社会的道德价值标准，在现代则不被接受，现代人主张婚姻自由、个体自由。三是结构性。文化有一定的结构特征。有学者形象地描述文化的结构为圈层结构，最外表的是物质文化（如建筑、服饰、饮食、交通工具等），其次为行为文化（礼俗、民俗习惯等），再深入为制度文化（如婚姻制度、户籍制度、家庭制度等），最内层的是思想文化（如宗教信仰、伦理道德等）。文化的创作者和传承者是人，文化是人类所创造的，动物等虽然也有自己的感官和表达方式，但不会创造文化，文化是一群人的存在方式，由此理解文化的关键是理解人。

2.地域文化

地域文化是文化在地理空间层面的具体表现，是一定区域内中华的居民所创造出来恶的物质和精神财富的总和。地域文化的特点有三：一是区域属性。不同地理区域由于自然环境、历史演化等要素作用，形成了不同的文化。如上海地处沿海地区，居民多为外部移民，统计数据显示，1843年上海有50万人口，后来江苏、浙江等地人口及外国人不断迁入，使人口增加，上海逐渐发展成为世界各地文化的汇聚之地，近现代以来更是对外交流频繁，融古典、雅致、现代、时尚、开放为一体，提倡包容交流，主张尊重多元，具有较强的社会责任感、社会规则意识、契约意识、法律观念，讲究理智看待利益，善于妥协谈判，注重形象，形成“海纳百川，兼容并蓄”的中西文化并存特征；甘肃地处西北内陆，自然条件相对严酷，干旱缺水，形成节俭勤劳的文化特征；河北沧州由于历史上战乱很多，民间群众喜欢武术；苏杭等地经济发达，居民富庶，喜欢读书，历来文学家、科学家层出不穷。二是时间性。地域文化虽然是一种地域表现，但在时间维度上有演化特征。如西域文化建立了不同发展阶段，从史前时期到后来的突厥时期、回鹘时期再到目前，每个阶段都有其各自的特征。三是交流性。文化之间不是互动联系，而是互相交往交融，不断发展。如西域地处西北边疆地区，但由于丝绸之路的作用、历代中原王朝的政策、人口的流动等要素，不同文化之间多次互动，成为全世界为数不多的希腊-罗马文明、阿拉伯文明、印度文明、中华文明交汇之地之一。

地域文化发展的影响因素很多，其中最主要的如下：一是自然地理环境。俗话说“一方水土养育一方人”，不同地区所处地理环境不同，区域居民性格、气质、历史、生产生活方式各不相同。江南地区小桥流水，居民形成细腻的性格心理；西北地区大山、大沙漠、大草原，居民形成豪放直爽的性格心理；西南地区奇山异水，形成少数民族的独特习俗；历史上北方草原民族多逐水草居住，以肉类和奶酪为基本饮食，勇猛善战，好客热情。二是人口流动。以西域为例，古代这里就是民族族群迁移活跃之地，东来西去，南来北往，西方塞人向东迁移，东方的月氏、乌孙、匈奴、满族等向西部迁移，突厥、回鹘、蒙古等向南迁移，不同人群的交往迁徙促进了区域文化的交流，不断丰富了文化内容。再如四川文化，由于历史上发生过“湖广填四川”的人口迁移运动，湖北、湖南文化对其形成巨大影响；后来四川人不断往外迁移，在意识、语言等方面对外部地区形成应对影响。三是政府政策。如果政府积极进取，主张开发，区域文化会形成新的格局；如果政府主张保守，区域文化多呈现封闭态势。四是居民格局。区域内如果仅有一个民族长期和谐生活，区域文化多稳定单一；若多民族多族群居住，则会出现多元化的特点，有时候甚至出现文化冲突。

二、地域文化与教育的关系

1.地域文化对教育的影响

一是地域文化影响居民对教育的重视程度。如果某地崇尚教育，人文蔚起，会刺激本地人不断读书进取；如果某地崇尚商业，则会刺激本地人投身经济贸易活动，对学校正规教育形成很大影响。二是地域文化影响居民对教育的内容选择。西北回、藏等少数民族地区，在历史上曾经长期为多元宗教地区，居民受思想认识等限制，对宗教教育支持力度大；现在国家大力发展现代教育事业，居民观念转变，对教育的态度发生很大变化。三是地域文化是一种特殊的教育资源。地域文化会潜移默化地影响本地居民行为方式与思想观念，如果利用得当，会对本地教育形成巨大的促进作用。

2.教育对地域文化的影响

一是教育可以改变地域文化内容。教育者可以通过自己特殊的教育场所、教育途径，将主流或自己的思想观念加以宣传，促进文化之间的交流，使主流文化或外部思想观念渗透到地域文化之中，使本地文化发生急剧或者缓慢改变。二是教育可以传承、保护与创新地域文化。教育者可以利用各类教育活动，宣传本地文化，激发本地居民的文化自信心和自豪感，使本地文化得到保护、传承与创新。当然，教育在某些时候也是一把“双刃剑”，在某些方面会对本地文化传承形成不利影响与制约。

第二节　古浪县域文化概述

古浪县，隶属武威市管辖，地处甘肃河西走廊段。县域内地势南高北低，年降雨量较小，为典型干旱半干旱地区。县域内有黄羊川镇、土门镇、大靖镇等乡镇，人口约40万。特殊的地理位置、生态环境和历史发展，形成了古浪独具特色的县域文化。

一、历史文化概述

历史文化方面，考古挖掘与专家研究表明，4000多年前就有古人类在此地居住生活与繁衍生息。夏商周时期至汉初，这里为少数民族居住之地，生活有戎、月氏、匈奴等民族。汉武帝即位后，果断改变汉朝立国以来的对匈奴政策，先派遣张骞出使西域，后派遣霍去病在河西发动对匈奴战争，打败匈奴，设置武威、张掖、酒泉、敦煌河西四郡，武威郡下辖目前古浪县所在地域。隋朝时，首次设置昌松县，唐代改名为和戎县（后改为昌松县），明代设置古浪守御千户所，清设置古浪县至今。漫长的岁月中，祖先在古浪县留下了很多遗址遗迹，典型的有长城、驿站、战斗遗址等。

二、生态文化概述

巍峨的祁连山经过古浪县，大片树木生长其上，郁郁葱葱，苍苍茫茫；北部为大沙漠，沙丘起伏，连绵不断，绿洲点缀其间，很有诗意；南部地区多高山；古浪峡一马平川，狭窄，地理位置险要，战略价值突出，历来为兵家必争之地。在现代化、工业化、城市化加快的背景下，古浪及周边地区生态环境一度出现严重问题，沙尘暴连年肆虐，沙漠不断扩张，水流量锐减，干旱缺水，但本地居民面对巨大的生态压力，没有后退，而是迎难而上，顺应自然，尊重科学，积极开展生态文明建设，涌现出“八步沙六老汉”治理沙漠的时代英雄模范，为区域生态文明建设提供了样板与范式。

三、红色文化概述

古浪县境内留有很多红色遗迹，最知名的是西路军战斗遗迹。1936年，中国工农红军西路军在党中央的安排下西进河西走廊，目的是从新疆打通国家交通线，获取战略物资与形成战略新基地。在古浪境内，红军与敌人在干柴洼、横梁山、古浪县城等多地发生激烈战斗，有力地打击了敌人。但由于敌强我弱、气候严寒、指挥失误等原因，很多红军将士在此牺牲。改革开放以后，古浪县红色文化资源得到开发利用，形成红军西路军古浪战役遗址红色旅游经典景区——古浪战役纪念馆，展示了红军西路军悲壮的历史，使后人受到了很好的爱国主义教育。

四、民俗文化概述

古浪县境内，杨家将、甘州石等传说家喻户晓，极其感人。杨家将故事有历史背景，北宋时期，古浪等地为边疆所在地，北宋王朝与西夏势力多次发生冲突，于是民间开始形成相关传说，说杨宗保在河西走廊征讨西夏失败，情势危急，朝廷派遣杨家十二女前去救援，大队人马翻越乌鞘岭后，来到被称为“金关银锁”的古浪峡，但不幸被围困，在“滴泪崖”处失败战死，佘太君星夜赶来，祭奠阵亡将士，哭声感动山神落泪，山上石头不断跌落，后世将其称为“滴泪崖”。据说，杨家将经过古浪县境内很多地方，每到一处便给当地取名，以便于开展联络，于是有了青草沟、夹皮沟、打拉水、韭菜沟、黄羊川、营盘台、七古堆湾等地名。甘州石原位于古浪峡之内，有很多传说。据说此石头原生于甘州（今张掖），受古浪石门山山神邀请，前去帮助本地人修建一座水库，不料走到古浪峡后被一甘州道人发现，惊奇之下施法将其定住。也有民间传说流传，说患有不育症的妇女若喝了用甘州石粉末调成的水，可生育后代，由此又被称为“育婴石”“催生石”，石上有深槽，据说为人长期抚摸所致。甘州石的故事反映了民间百姓对美好生活的追求与向往。

古浪美食很有特色。古浪凉粉多以扁豆、黄豆等为原材料，颜色有白色、黄色，晶莹剔透，可粗可细，加入香醋等调料以后可口诱人。糯米卷糕由小面饼、糯米、红枣等制作，内含白糖，香甜可口。月饼一般在每年八月十五中秋节前后制作食用，先将面团擀成若干张薄面饼，涂上颜料、油料蒸出来，古浪月饼以体积大而知名，有“天爷天爷大大下，蒸下的月饼车轱辘大”之说。麻腐包子使用磨碎的麻子、熟山药为材料，调料有花椒等，别具风味。油饼韭菜盒子由油饼、韭菜等制作而成，醇美无比。面筋制作原材料为豆子，加工后蒸出来，切成条食用。栀子面的原材料是面粉，将其揉好，切成指甲大小那样的小块，将其对角捏下即可，食用时在水中加入肉、香菜、土豆等，极其美味。其他特色饮食有土烧洋芋、酒醅子、臊子面、长面、青稞面搓鱼子等。

古浪社火有鲜明的区域性特征。北部山区四道岘、横梁山等地的社火热闹，持续时间较长，要走家串户；黄羊川一带的社火规模较大；土门等地的社火以高跷出名；大靖等地的社火和唱戏、庙会等相结合，人山人海，载歌载舞，寄托了人们对生活的热爱。

此外，古浪剪纸、刺绣等民俗既有趣味性又有教育性，受到国内外部好评；古浪岁时节令、婚丧嫁娶也值得玩味。

五、文学现象概述

古浪文学艺术现象首先集中表现在文学创作上。古浪县具有文学创造的优良传统，大家辈出，佳作不断。有记载的古浪文学的传承已经发生了三代，第一代代表作家为赵燕翼，代表作为儿童文学《金瓜和银豆》、小说《草原新传奇》、散文集《我从黄土高坡走来》等；第二代代表作家以60后为主，知名作家有：甘肃省作协副主席、《飞天》主编阎强国；2011年凭借190万元的年度版税收入荣登“第六届中国作家富豪榜”第22名的许开祯；致力于书写西北生态的汪泉；以报告文学见长的阎世德；本土作家张奋武、于文华、张新民；第三代作家正在崛起，代表人物有杨先、朱莲花、刘梅花、张子艺、李占清等。作为一种地域文学现象，古浪籍学者、兰州财经大学窦开龙博士对此有系统的研究，他认为从县域文学角度看，古浪文学在全国有很大影响力。

古浪宝卷、古浪老调、古浪民谣、“流淌”等也是重要的文学艺术现象。“宝卷”是一种说唱艺术，在河西走廊比较流行，古浪县境内也多有流传在古代农业社会，由于没有电视等娱乐工具，对外交通不便，人们就在腊月、正月以念卷为主要娱乐活动，每到夜晚，便有很多人聚集在某家，由文化人念卷，其他人配合，一到伤心处有人落泪，很是感人。念卷之余的工作是“抄卷”，一方面认为此举是一种积善之举，另一方面是为了保护、传承文化遗产，因为每年都有宝卷破损或者丢弃，需要及时补救。宝卷内容多反映老百姓的淳朴善良，抒发民间群众对美好生活的向往，书写底层社会的生活疾苦，代表性的有《救劫卷》，反映了古浪历史上的两次大劫难（一次是民国十六年即1927年发生的古浪大地震，另外一次是民国十七年即1928年发生的陕甘大旱），故事悲惨凄凉。由于历史悠久，传承影响较大，《救劫卷》于2010年被列入甘肃省非物质文化遗产保护名录。“老调”是一种独特的音乐形式或戏曲表达方式，一般认为源自明代，后从陕西流入古浪，带有鲜明的“眉户剧”特色，进入古浪后被加入本地元素，并不断发展，最终演化成为新的形式。古浪老调剧目不少，代表性的有《彦贵卖水》《赐福》等，在大靖、土门、永丰滩、黄花滩等地比较流行。老调旋律质朴，声音高亢，演奏方便，多为百姓喜欢，于2010年被列入甘肃省非物质文化遗产保护名录。古浪民谣也是省级非物质文化遗产，代表作品有《割韭菜》《挣银子》《甘冬儿和杨达儿》《王哥放羊》《舅舅来了擀面面》等，语言质朴，通俗易懂，朗朗上口。如《舅舅来了擀面面》形象地刻画出了旧时贫苦人家待客的尴尬：“拉，拉，拉箩箩，揉面面，舅舅来了擀面面；擀白面，舍不得；擀黑面，舅舅笑话哩；杀公鸡，公鸡叫鸣哩；杀母鸡，母鸡下蛋哩。杀鸭子，鸭子飞到草垛上，褓下了一窝老和尚；杀狗哩，舅舅提着鞭子就走哩；舅舅舅舅你去吧，再来了给你煮肉吧！”可谓幽默中含有辛酸。“溜淌”作为一种民间文学，不具大雅，但颇有思想与文采，生动活泼，内容多涉及现实社会与生活，为群众喜闻乐道。

第三节　县域文化对高中生的影响及对策建议

一、研究设计

1.研究方法

具体研究方法有四：一是文献法。查阅文献，了解所需信息，获取基本资料。二是问卷调查法。依据所设计调查问卷，对样本开展调查。三是访谈法。结合问卷，设计访谈提纲一份，开展深度访谈。四是统计分析法。采用相关分析、方差分析，对问卷信息与数据做挖掘分析。

2.研究工具

本研究设计《县域文化对高中生影响的调查问卷》一份。文化认知指标设计从历史事件、现实发展两个层面展开，其中历史事件指标涉及西路军、沙尘暴、大地震、学校历史、“千乡万才计划项目”；现实发展指标涉及人物、民俗、文学艺术，一共有16个指标；文化态度与影响指标涉及对县域文化的评价与自我发展态度两个层面，一共9项指标。

二、样本特征

设计好调查问卷后，在古浪县开展调查。一共发放问卷200份，回收199份，回收率为99.5%，其中有效问卷188份，有效回收率为94.0%。男性103人（54.8%），女性85人（45.2%），男性所占比例多于女性；高中一年级90人（47.9%），高二年级98人（52.1%），年级之间的人数比例基本合适；家庭在县城的25人（13.3%），在村庄的98人（52.1%），在乡镇的65人（34.6%）；班级前10名的28人（14.9%），班级前10～20名的38人（20.2%），班级前20～30名的49人（26.1%），班级30名以后的73人（38.8%）；古浪一中92人（48.9%），古浪三中96人（51.1%）。

表3-1　样本基本人口社会学信息

	人数(人)	所占比率(%)	有效比率(%)	累计比率(%)
男	103	54.8	54.8	54.8
女	85	45.2	45.2	100.0
高一年级	90	47.9	47.9	47.9
高二年级	98	52.1	52.1	100.0
县城	25	13.3	13.3	13.3
乡村	98	52.1	52.1	65.4
乡镇	65	34.6	34.6	100.0
班级前10名	28	14.9	14.9	14.9
班级前10～20名	38	20.2	20.2	35.1
一般班级20～30名	49	26.1	26.1	61.2
班级30名以后	73	38.8	38.8	100.0
第一中学	92	48.9	48.9	48.9
第三中学	96	51.1	51.1	100.0

三、高中生对古浪县域文化的认知

1.整体认知特征

本研究具体调查结果是：“我对古浪文学现象很了解”均值位居第一（M=2.6330），这说明古浪文学现象对本地高中生有很大影响，主要和校园文学社团活动、人际传播、高中生课外阅读等有关，作者在调研中就遇到几位高中生，对本地的赵燕翼非常熟悉，对其作品有很高评价；“我对古浪县沙尘暴事件很了解”（M=3.5532）的均值位居第二，主要原因是古浪县处于生态脆弱区，在历史上和现在都有沙尘暴不断发生，给本地人留下了深刻记忆，有时候带来的是血与泪的苦难与悲痛，作者调研中有几位高中生说：“小时候就听爸爸妈妈说起过，有次一场很大的沙尘暴来了，很多小孩因此丧生，实在是悲剧呀”；“我对古浪县大地震事件很了解”（M=3.1968）均值位居第三，原因是大地震的历史记忆与上辈人的口头传承；均值位居第四的是“我对古浪县各个乡镇的名称和方位很熟悉”（M=3.1223），主要原因是同学们来自古浪各地，平时互相交流籍贯和出生地故事，增加了对本地行政区划的信息掌握；位居第五的是“我对侯殿禄的事迹很了解”（M=2.5585），原因和高中生课外了解有关；“我对八步沙老汉的事迹很熟悉”（M=3.6489）位居第六，这和目前国家与本地政府的宣传有关；第七位的是“我对本校的历史很了解”（M=3.4362）。均值在3.0以下的项目中，排在第一位的是“我对西路军历史很了解”（M=2.9309）；第二位的是“我对古浪县的宝卷小曲等非遗很了解”（M=2.6755）；第三位的是“我对黄羊川的千乡万才计划很了解”（M=2.6596）；第四位的是“我对杨家将甘州石等民间故事很了解”（M=3.2074）；第五位的是“我对古浪县走出去的省级干部名字及故事有很多了解”（M=3.5532）；第六位的是“我对古浪县走出去的知名科学家很了解”（M=2.6915）；第七位的是“我对古浪县走出去的留学生与知名学者很了解”（M=2.6277）；排名最后的是“我对古浪县走出来的知名企业家很了解”（M=2.5372）。这说明，高中生对本地著名人物的了解与认知相对不够，尤其是对企业家等经济人才、科学家、学者知之不多，这不利于激发本地人的自信心和自豪感。“我对古浪县的整体了解很好”（M=3.2660）均值在2.5以上，说明整体了解不错。

表3-2 高中生对古浪县县域文化的认知状况

	样本数（人）	最小值	最大值	均值	标准差	偏度		峰度	
	统计值	统计值	统计值	统计值	统计值	统计值	标准误差	统计值	标准误差
我对西路军历史很了解	188	1.00	5.00	2.9309	1.01881	−0.136	0.177	−0.332	0.353
我对古浪文学现象很了解	188	1.00	5.00	2.6330	0.97475	0.058	0.177	−0.195	0.353

续表3-2

	样本数（人）	最小值	最大值	均值	标准差	偏度		峰度	
	统计值	统计值	统计值	统计值	统计值	统计值	标准误差	统计值	标准误差
我对古浪县沙尘暴事件很了解	188	1.00	5.00	3.5532	0.86051	-0.116	0.177	-0.125	0.353
我对古浪县大地震事件很了解	188	1.00	5.00	3.1968	0.90665	0.035	0.177	-0.097	0.353
我对古浪县各个乡镇的名称和方位很熟悉	188	1.00	5.00	3.1223	0.99782	-0.020	0.177	-0.141	0.353
我对侯殿禄的事迹很了解	188	1.00	5.00	2.5585	1.01422	0.103	0.177	-0.627	0.353
我对八步沙老汉的事迹很熟悉	188	1.00	5.00	3.6489	0.99418	-0.568	0.177	0.046	0.353
我对本校的历史很了解	188	1.00	5.00	3.4362	0.88431	-0.179	0.177	0.096	0.353
我对古浪县的宝卷小曲等非遗很了解	188	1.00	5.00	2.6755	0.98439	0.112	0.177	-0.213	0.353
我对黄羊川的千乡万才计划很了解	188	1.00	5.00	2.6596	1.02954	0.247	0.177	-0.200	0.353
我对杨家将甘州石等民间故事很了解	188	1.00	5.00	3.2074	1.06703	-0.183	0.177	-0.511	0.353
我对古浪县走出去的省级干部名字及故事有很多了解	188	1.00	5.00	2.7021	1.00618	0.118	0.177	-0.408	0.353
我对古浪县走出去的知名科学家很了解	188	1.00	5.00	2.6915	1.07003	0.219	0.177	-0.415	0.353
我对古浪县走出去的留学生与知名学者很了解	188	1.00	5.00	2.6277	1.04430	0.140	0.177	-0.631	0.353
我对古浪县走出来的知名企业家很了解	188	1.00	5.00	2.5372	1.06158	0.335	0.177	-0.331	0.353
我对古浪县的整体了解很好	188	1.00	5.00	3.2660	0.99920	-0.360	0.177	-0.132	0.353

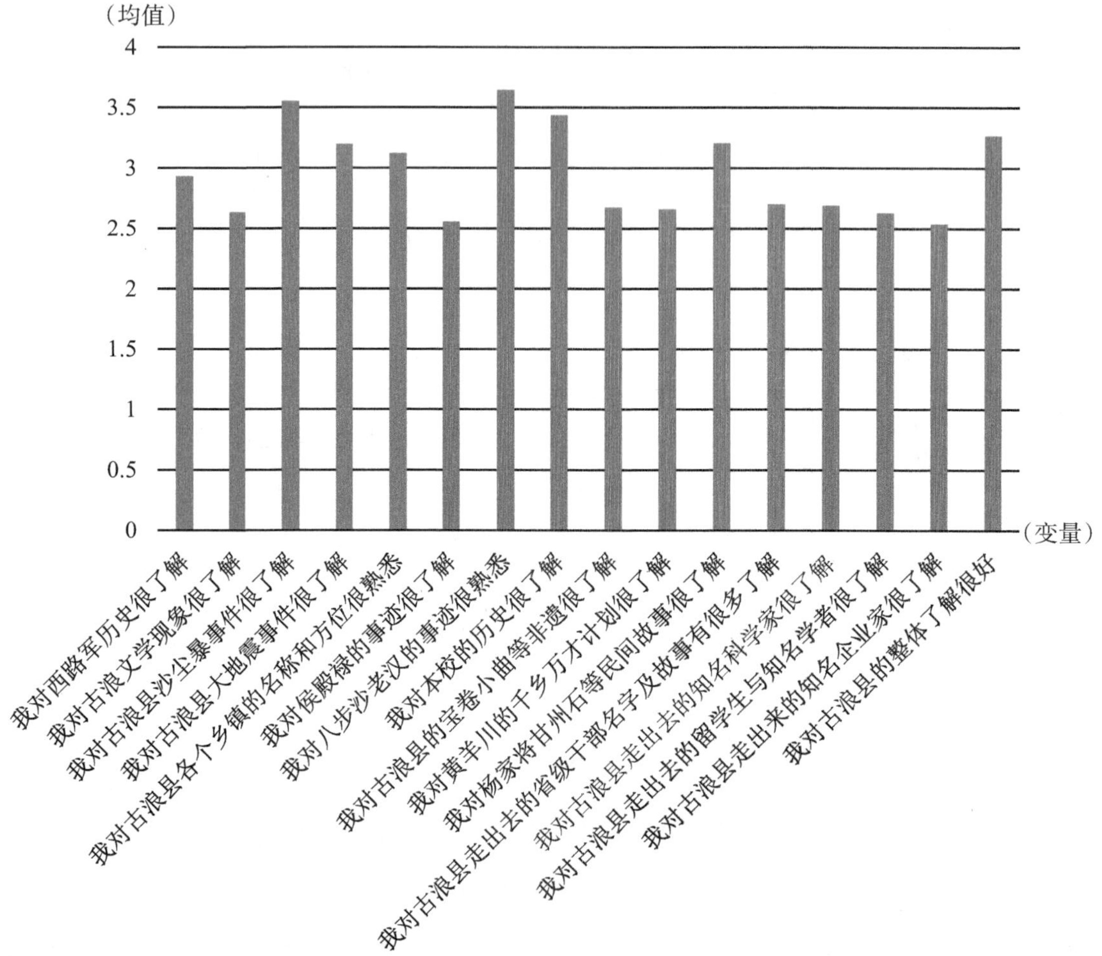

图3-1　高中生对古浪县县域文化的认知状况

访谈记录1：侯殿禄是谁？看到问卷以后，我的确不知道。回家以后，我问了家长，家长回答说是古浪县的一位司法助理员，工作是调解民间纠纷，是20世纪90年代很出名的一位模范人物，参加了第九届全国人民代表大会。但我们那个时候没有出生呢，现在也没有多少人开展他的事迹宣传，所以知之不多。

访谈记录2：对古浪的沙尘暴我们并不陌生。到了冬天，沙尘暴经常发生。电视上也有时候也报道，说河西走廊发生了沙尘暴。不过，我们见到的沙尘暴和爸妈他们见到的不同，听他们说以前的沙尘暴很厉害，有一年下午突然到来，大家不知道是什么东西，称为“黑风”，一时间昏天黑地，放学回家的很多学生被淹死在水渠之内，发生了一场悲剧。现在的沙尘暴有是有，但规模没有那样大。

访谈记录3：西路军的事情我们古浪一中的学生基本都听说过，有的还经常去纪念馆看看。具体历史是红军到了甘肃古浪，发生了几次战斗，然后去了其他地方，但失败了，很惨。

访谈记录4：古浪县走出去的大人物我也听说过几个，如刘德元去了加拿大留学，据说是兰州财经大学（当时叫做兰州商学院）毕业的，现在在美国工作；有个人（作者注：为雷蕴奇教授，国防科技大学1988年博士毕业，现在厦门大学工作）据说考取了中国少年科技大学的少年班，当时年龄很小的，现在不知道在哪里；还有几个作家，似乎都在兰州；再就是考上清华大学的学生。走出来的省级干部是谁不知道，科学家和企业家也没有听过几个。

2.认知特征差异

对不同人口社会学因素与文化认知关系做分析，探究两者之间是否存在显著性差异。方差分析结果数据显示（见表3-3至表3-7），性别、所在年级、学业成绩、家庭所在地、所在学校这五个因素都不对认知产生显著性差异影响。其中，性别的组建平方和是0.987，组内平方和是45.582，组间平方和的F值为0.991，相应的概率P值为0.414，大于0.05，说明没有对文化感知造成最为显著的影响。所在年级的组建平方和是1.037，组内平方和是45.878，组间平方和的F值为1.034，相应的概率P值为0.391，大于0.05，说明没有对文化感知造成最为显著的影响。家庭所在地的组建平方和是0.780，组内平方和是80.709，组间平方和的F值为0.442，相应的概率P值为0.778，大于0.05，说明没有对文化感知造成最为显著的影响。学业成绩的组建平方和是1.299，组内平方和是219.355，组间平方和的F值为0.271，相应的概率P值为0.896，大于0.05，说明没有对文化感知造成最为显著的影响。所在学校的组建平方和是4.285，组内平方和是183.630，组间平方和的F值为1.068，相应的概率P值为0.347，大于0.05，说明没有对文化感知造成最为显著的影响。当然，高中学生对以上17个指标方面的认知是否出现显著性差异，需要进一步展开验证。限于篇幅，本研究不多探究具体差异。

表3-3　性别对高中生县域文化认知的影响

			平方和	*df*值	均方	*F*值	概率
性别＊我对古浪县的整体了解很好	组间平方和	组合项	0.987	4	0.247	0.991	0.414
		线性项	0.397	1	0.397	1.593	0.209
		线性偏离	0.591	3	0.197	0.791	0.501
	组内平方和		45.582	183	0.249		
	总平方和		46.569	187			

表3-4 所在年级对高中生县域文化认知的影响

			平方和	df值	均方	F值	概率
年级 * 我对古浪县的整体了解很好	组间平方和	组合项	1.037	4	0.259	1.034	0.391
		线性项	0.258	1	0.258	1.028	0.312
		线性偏离	0.779	3	0.260	1.036	0.378
	组内平方和		45.878	183	0.251		
	总平方和		46.915	187			

表3-5 家庭背景对高中生县域文化认知的影响

			平方和	df值	均方	F值	概率
家庭 * 我对古浪县的整体了解很好	组间平方和	组合项	0.780	4	0.195	0.442	0.778
		线性项	0.498	1	0.498	1.128	0.290
		线性偏离	0.283	3	0.094	0.214	0.887
	组内平方和		80.709	183	0.441		
	总平方和		81.489	187			

表3-6 学业成绩对高中生县域文化认知的影响

			平方和	df值	均方	F值	概率
成绩 * 我对古浪县的整体了解很好	组间平方和	组合项	1.299	4	0.325	0.271	0.896
		线性项	0.220	1	0.220	0.184	0.669
		线性偏离	1.079	3	0.360	0.300	0.825
	组内平方和		219.355	183	1.199		
	总平方和		220.654	187			

表3-7 学校对高中生县域文化认知的影响

			平方和	*df*值	均方	*F*值	概率
学校 * 我对古浪县的整体了解很好	组间平方和	组合项	4.285	4	1.071	1.068	0.374
		线性项	1.560	1	1.560	1.554	0.214
		线性偏离	2.725	3	0.908	0.905	0.440
	组内平方和		183.630	183	1.003		
	总平方和		187.915	187			

四、县域文化对高中生的影响

1.整体影响分析

数据显示，高中生认知县域文化以后，会形成地方文化评价或地方认同感。具体表现是，认为“我觉得古浪县的确人杰地灵”（M=3.3511），“我觉得古浪县很多传统文化应该得到很好的保护继承与发展”（M=4.398），“我觉得古浪县将来会有很多知名人物涌现出来”（M=3.8245）。可见，高中生具有一定的县域文化保护传承意识，对家乡有归属感，对古浪的未来发展与前景充满信心与期待，自信心较强，没有所谓的“地方自卑感”与“崇洋媚外感”。

表3-8 对高中生县域文化的评价

	样本数（人）	最小值	最大值	均值	标准差	偏度		峰度	
	统计值	统计值	统计值	统计值	统计值	统计值	标准误差	统计值	标准误差
我觉得古浪县的确人杰地灵	188	1.00	5.00	3.3511	1.03115	−0.155	0.177	−0.605	0.353
我觉得古浪县很多传统文化应该得到很好的保护继承与发展	188	1.00	5.00	4.3989	0.89287	−1.696	0.177	2.827	0.353
我觉得古浪县将来会有很多知名人物涌现出来	188	1.00	5.00	3.8245	0.93993	−0.579	0.177	0.218	0.353

高中生受县域文化影响，形成了较好的人生观与价值观。数据显示，被调查者群体在对家乡的热爱感、自豪感、宣传推荐率、建设家乡意愿感、超越前人感方面有很

好的表现。具体数据是，“我会努力报答古浪县”（M=3.8989）的均值位居第一，说明高中生有强烈的使命感；“我非常热爱古浪”（M=3.8298）的均值位居第二；排列第三的是“我有超越古浪前人和有所作为的强烈念头”（M=3.7872）；第四位是“我为我是古浪人而自豪”（M=3.6869）；最后一位的是“我会向别人主动宣传古浪”（M=3.6809）。整体来看，县域文化对高中生的影响是积极的，有利于其健康发展。

表3-9 县域文化对高中生的影响

	样本数（人）	最小值	最大值	均值	标准差	偏度		峰度	
	统计值	统计值	统计值	统计值	统计值	统计值	标准误差	统计值	标准误差
我非常热爱古浪	188	1.00	5.00	3.8298	0.88527	−0.360	0.177	−0.146	0.353
我为我是古浪人而自豪	188	1.00	5.00	3.6968	1.00724	−0.472	0.177	−0.063	0.353
我会向别人主动宣传古浪	188	1.00	5.00	3.6809	0.93320	−0.359	0.177	0.007	0.353
我会努力报答古浪县	188	1.00	5.00	3.8989	0.89287	−0.665	0.177	0.274	0.353
我有超越古浪前人和有所作为的强烈念头	188	1.00	5.00	3.7872	0.94073	−0.419	0.177	−0.160	0.353

2. 文化认知与态度关系分析

文化认知会对文化评价与自我发展态度等形成影响。本研究基于此展开验证。首先，应用相关分析法做观察，Spearman相关系数数据表明，文化认知程度与“我觉得古浪县的确人杰地灵”“我觉得古浪县将来会有很多知名人物涌现出来”之间具有相关关系，概率P值分别为0与0.018，相关系数分别为0.454和0.172；文化认知程度与“我觉得古浪县很多传统文化应该得到很好的保护继承与发展”之间不存在相关关系，概率P值大于0.05（见表3-10）。其次，应用方差分析，对所得结果做进一步验证，其中，“我觉得古浪县的确人杰地灵”方面，组间平方和是39.545，组内平方和是147.157，组间平方和的F值为12.294，相应的概率P值为0，小于0.05，说明文化认知程度对县域是否属于人杰地灵的评价造成了最为显著的影响。“我觉得古浪县很多传统文化应该得到很好的保护继承与发展”方面，组间平方和是2.901，组内平方和是183.801，组间平方和的F值为0.722，相应的概率P值为0.587，大于0.05，说明文化认知程度对县域文化是否值得保护的评价方面没有造成最为显著的影响。“我觉得古浪县将来会有很多知名人物涌现出来”方面，组间平方和是8.245，组内平方和是178.457，组间平方和的F值为2.061，相应的概率P值为0.81，大于0.05，说明文化认知程度对县域文化是否值得保护的评价方面没有造成最为显著的影响。可见，不同方法导致的结果有差异，但两者结论都表明，文化认知对“我觉得古浪县的确人杰地灵”的影响是显著的，认知程度越深，越感到本地人杰地灵，反之，由于信息不对称，会出现评价不合理与不公允现象。

表3-10 县域文化认知与文化评价的关系

			我觉得古浪县的确人杰地灵	我觉得古浪县很多传统文化应该得到很好的保护继承与发展	我觉得古浪县将来会有很多知名人物涌现出来	我对古浪县的整体了解很好
斯皮尔曼相关分析	我觉得古浪县的确人杰地灵	相关系数	1.000	0.026	0.277**	0.454**
		双尾检测概率	0	0.726	0	0
		样本数(人)	188	188	188	188
	我觉得古浪县很多传统文化应该得到很好的保护继承与发展	相关系数	0.026	1.000	0.314**	0.130
		双尾检测概率	0.726	0	0	0.076
		样本数(人)	188	188	188	188
	我觉得古浪县将来会有很多知名人物涌现出来	相关系数	0.277**	0.314**	1.000	0.172*
		双尾检测概率	0	0	0	0.018
		样本数(人)	188	188	188	188
	我对古浪县的整体了解很好	相关系数	0.454**	0.130	0.172*	1.000
		双尾检测概率	0	0.076	0.018	0
		样本数(人)	188	188	188	188

*. 相关性在0.05水平(双尾)具有重要意义。
**. 相关性在0.01水平(双尾)具有重要意义。

表3-11　县域文化认知与高中生对文化评价的差异性（一）

			平方和	*df*值	均方	*F*值	概率
我对古浪县的整体了解很好＊我觉得古浪县的确人杰地灵	组间平方和	组合项	39.545	4	9.886	12.294	0
		线性项	38.460	1	38.460	47.828	0
		线性偏离	1.086	3	0.362	0.450	0.718
	组内平方和		147.157	183	0.804		
	总平方和		186.702	187			

表3-12　县域文化认知与高中生对文化评价的的差异性（二）

			平方和	*df*值	均方	*F*值	概率
我对古浪县的整体了解很好＊我觉得古浪县很多传统文化应该得到很好的保护继承与发展	组间平方和	组合项	2.901	4	0.725	0.722	0.578
		线性项	2.186	1	2.186	2.177	0.142
		线性偏离	0.715	3	0.238	0.237	0.870
	组内平方和		183.801	183	1.004		
	总平方和		186.702	187			

表3-13　县域文化认知与高中生对文化评价的差异性（三）

			平方和	*df*值	均方	*F*值	概率
我对古浪县的整体了解很好＊我觉得古浪县将来会有很多知名人物涌现出来	组间平方和	组合项	8.245	4	2.061	2.114	0.081
		线性项	5.733	1	5.733	5.879	0.016
		线性偏离	2.511	3	0.837	0.858	0.464
	组内平方和		178.457	183	0.975		
	总平方和		186.702	187			

同样道理，分析文化认知是否会对自我发展态度形成显著影响。首先，应用相关分析法做观察，Spearman相关系数数据表明，文化认知程度与“我非常热爱古浪”“我是古浪人而自豪”“我会向别人主动宣传古浪”“我会努力报答古浪县”“我有超越古浪前人和有所作为的强烈念头”之间都具有相关关系，概率P值均小于0.05，相关系数分别为0.328、0.368、0.372、0.291和0.240；其次，应用方差分析，对所得结果做进一步验证，其中“我非常热爱古浪”方面，组间平方和是32.405，组内平方和是154.297，组间平方和的F值为9.608，相应的概率P值为0.000，小于0.05，说明文化认知程度会对县域热爱感造成了最为显著的影响。“我是古浪人而自豪”方面，组建平方和是26.960，组内平方和是159.742，组间平方和的F值为7.721，相应的概率P值为0，小

于0.05，说明文化认知程度对自豪感方面造成了最为显著的影响。“我会向别人主动宣传古浪”方面，组建平方和是29.689，组内平方和是157.013，组间平方和的F值为8.651，相应的概率P值为0，小于0.05，说明文化认知程度对宣传推介意愿造成了最为显著的影响。“我会努力报答古浪县”方面，组建平方和是17.234，组内平方和是169.468，组间平方和的F值为4.653，相应的概率P值为0.001，小于0.05，说明文化认知程度对高中生奋斗汇报家乡的动力造成了最为显著的影响。“我有超越古浪前人和有所作为的强烈念头”方面，组建平方和是13.608，组内平方和是173.094，组间平方和的F值为3.597，相应的概率P值为0.008，小于0.05，说明文化认知程度对高中生形成超越前人动机与动力造成了最为显著的影响。可见，不同研究方法得到的结果一致，两者结论都表明，文化认知对自我发展态度有显著影响。

表3-14　县域文化认知与高中生自我发展态度的关系

			我对古浪县的整体了解很好	我非常热爱古浪	我是古浪人而自豪	我会向别人主动宣传古浪	我会努力报答古浪县	我有超越古浪前人和有所作为的强烈念头
斯皮尔曼相关分析	我对古浪县的整体了解很好	相关系数	1.000	0.328**	0.368**	0.372**	0.291**	0.240**
		双尾检测概率	0	0	0	0	0	0.001
		样本数(人)	188	188	188	188	188	188
	我非常热爱古浪	相关系数	0.328**	1.000	0.760**	0.564**	0.457**	0.323**
		双尾检测概率	0	0	0	0	0	0
		样本数(人)	188	188	188	188	188	188
	我是古浪人而自豪	相关系数	0.368**	0.760**	1.000	0.660**	0.561**	0.467**
		双尾检测概率	0	0	0	0	0	0
		样本数(人)	188	188	188	188	188	188
	我会向别人主动宣传古浪	相关系数	0.372**	0.564**	0.660**	1.000	0.653**	0.505**
		双尾检测概率	0	0	0	0	0	0
		样本数(人)	188	188	188	188	188	188
	我会努力报答古浪县	相关系数	0.291**	0.457**	0.561**	0.653**	1.000	0.568**
		双尾检测概率	0	0	0	0	0	0
		样本数(人)	188	188	188	188	188	188
	我有超越古浪前人和有所作为的强烈念头	相关系数	0.240**	0.323**	0.467**	0.505**	0.568**	1.000
		双尾检测概率	0.001	0	0	0	0	0
		样本数(人)	188	188	188	188	188	188

**. 相关性在0.01水平(双尾)具有重要意义。

表3-15　县域文化认知与高中生自我发展态度影响的差异性（一）

			平方和	df值	均方	F值	概率
我对古浪县的整体了解很好＊我非常热爱古浪	组间平方和	组合项	32.405	4	8.101	9.608	0
		线性项	13.519	1	13.519	16.033	0
		线性偏离	18.887	3	6.296	7.467	0
	组内平方和		154.297	183	0.843		
	总平方和		186.702	187			

表3-16　县域文化认知与高中生自我发展态度影响的差异性（二）

			平方和	df值	均方	F值	概率
我对古浪县的整体了解很好＊我是古浪人而自豪	组间平方和	组合项	26.960	4	6.740	7.721	0
		线性项	19.077	1	19.077	21.854	0
		线性偏离	7.884	3	2.628	3.011	0.031
	组内平方和		159.742	183	0.873		
	总平方和		186.702	187			

表3-17　县域文化认知与高中生自我发展态度影响的差异性（三）

			平方和	df值	均方	F值	概率
我对古浪县的整体了解很好＊我会向别人主动宣传古浪	组间平方和	组合项	29.689	4	7.422	8.651	0
		线性项	26.714	1	26.714	31.135	0
		线性偏离	2.975	3	0.992	1.156	0.328
	组内平方和		157.013	183	0.858		
	总平方和		186.702	187			

表3-18　县域文化认知与高中生自我发展态度影响的差异性（四）

			平方和	df值	均方	F值	概率
我对古浪县的整体了解很好＊我会努力报答古浪县	组间平方和	组合项	17.234	4	4.309	4.653	0.001
		线性项	14.227	1	14.227	15.363	0
		线性偏离	3.008	3	1.003	1.083	0.358
	组内平方和		169.468	183	0.926		
	总平方和		186.702	187			

表3-19　县域文化认知与高中生自我发展态度影响的差异性（五）

			平方和	df值	均方	F值	概率
我对古浪县的整体了解很好 * 我有超越古浪前人和有所作为的强烈念头	组间平方和	组合项	13.608	4	3.402	3.597	0.008
		线性项	6.838	1	6.838	7.229	0.008
		线性偏离	6.771	3	2.257	2.386	0.071
	组内平方和		173.094	183	0.946		
	总平方和		186.702	187			

访谈记录1：原来我没有感觉到古浪有什么人物，就是觉得这个地方能出个啥人物，也没有什么历史。后来，我改变了想法。最近我和一个亲戚聊天，他说了我不知道的事情，如西北师范大学有位研究闪电的科学家是我们古浪籍学者，很厉害；兰州军区有个科学家也是古浪县出去的；还有很多人在北京发展，只是我们离得远，不知道罢了。看来，古浪县政府需要加大宣传。我听了以后才感觉自己原来看法不对，也有了好好学习的想法。

访谈记录2：古浪县还是有人才的。侯殿禄是第九届人大代表，模范人物；八步沙六老汉最近也上了电视，是时代模范人物。这些都是在古浪的，我越了解，越加感到古浪人杰地灵。

五、结论与建议

本研究表明：古浪县高中生对本县县域文化的认知状况较好，在历史、现实层面上都掌握了一些信息，增强了对家乡的认同感、归属感和自豪感，形成了热爱家乡、建设家乡、回报家乡的动机，为健康发展提供了精神与心理上的支持，并且信息越多，对家乡的感情越深厚，符合社会学与心理学中的“刺激–反应”理论。存在的突出问题是对历史的了解较多，但对现实的发展了解不足；对古浪文学、灾害事件等有深入了解，但对当代科学家、知名学者与企业家的事迹知之甚少，说明信息渠道不畅，学校、家庭、社会方面在教育中的重视不够。鉴于此，特提出如下建议：

一是系统搜集整理古浪县县域文化信息。利用多种途径，对历史、政治、经济、人口、地理、气候、经济、社会各个方面展开调查，获得一手数据；对数据做系统整理，形成数据库；利用现代信息技术或其他大数据手段，对当下古浪发展现状做描绘分析。

二是披露县域文化信息。利用校园网，设置栏目或节目，使学生了解县域文化信息；召集各学科专家，组建团队，编写地方教材，使其进入校园与课堂；组织宣讲团队，在各个中学做演说与巡回宣讲，使学生对家乡有更多认知。

三是丰富县域文化信息展示手段。除了静态的博物馆模式之外，要采取高中生喜闻乐见的方式开展宣传。如举办大型比赛，组织在外地的古浪名人做现场互动，举办联欢晚会，举行大型文学活动或诗词之夜，激发学生兴趣；将校史、县志等资源做开发利用，以图片、连环画、漫画、小剧目等形式，使其展示在高中生面前；在信息技术和网络普及的背景下，可以结合手机APP客户端或抖音等软件，开发一些小程序、小项目或者小游戏，寓教于乐，以高中生喜闻乐见的形式加以展示，使红色信息不再单调乏味，从而增强育人效果。

四是思想政治要有所作为。该课程不但要面对高考，也要面对学生健康发展需求，提供必要的县域文化信息。教师要不失时机地在课堂中穿插县域信息，或者开展专题讲座，使课堂学习与县域文化认知耦合发展。如对于西路军历史事迹与英雄传奇的讲授，要结合实地调研、后代访谈等途径开展，开展红色教育，宣扬红色文化，将革命理想主义内涵、西路军精神与爱国主义教育相结合，使学生发自内心地感受到进入和平时代之不易，感受到共产党为人民谋求福利的奉献精神，感受中国改革开放的伟大成就，从而使思想政治课具有感染力、历史感与地方感，使高中生从小就树立和坚定正确的人生观和价值观。

五是广泛开展县情教育。通过班会、演讲比赛、大型报告会、先进人物事迹展览、参观遗址等活动，使高中生对县域历史和文化有所了解；有选择地编写校本教材，大胆创新课程内容，在历史地理中适度增加县情内容，加强学生对县域的了解；校团委、思想政治处等组织要积极组织开展校史知识竞赛、专题演讲比赛等活动，扩大学生对县情的认知度；开展校园文化长廊建设，通过艺术手段展示县域文化历史，如采用本地名人长廊、本地历史事件雕塑展、古代名人雕塑陈列等模式，营造文化宣传氛围，使高中生漫步校园就可以感受到一股浓厚的文化气息，在耳濡目染中受到影响；邀请专家解读“古浪精神”的内涵，增加高中生对古浪县的认知；建立爱国主义教育基地、县情研究基地，以其为主要依托和平台，开展相关教育，为高中生形成民族自豪感、历史使命感提供实践基地。

总之，文化对高中生的影响非常巨大，作为教育者，学校、教师、家庭都有责任、有义务开展县情教育，增强高中生的地方认同感，增强热爱家乡、热爱国家的感情，激发其“为家乡建设而努力，为中华之崛起而读书”的动机，最终顺利完成高中学业，成为社会与国家的有用之材。

第四章
社会与高中生健康发展
——从社会互动影响视角分析

社会学理论认为，所谓社会就是具有一定联系的人所组成的一个整体或社会关系共同体。社会对个体或群体来说，具有交流、整合、导向、继承发展与组织调节等功能。任何人都是社会组成部分，社会组织、社会关系网络、社会风气、社会转型、社会互动都会对其形成影响。其中，社会互动也被称为“社会交往”，指的是个人与他人之间开展社会行动和做出反应的过程，具体表现为交换、合作、竞争、冲突、强制和顺从与顺应。社会互动理论包括符号互动论、折叠本土方法论、折叠角色理论、拟剧论、折叠参照群体理论、折叠社会交换论、折叠个体互动理论、折叠自我预言论等。本研究借鉴其中观点，基于社会互动视角，探究社会对高中生健康发展的影响。

第一节　研究设计

一、研究方法

本章应用SPSS与EXCELL软件，对数据做分析与处理。具体采取的方法有两类：一是描述性统计分析。提取所有调查项目的最大值、最小值、均值、标准差，了解高中学生社会互动的基本特征；二是采用方差分析法。探究高中生性别、所在年级、家庭所在地、所在学校、学业成绩等人口社会学因素与社会互动极其影响之间的关系，探究具体表现及差异。

二、研究工具

本研究将社会互动划分为三类：师生互动、同学互动、家庭互动；互动的表现类型按情感关系划分为友好型（轻松交往、鼓舞激励等）、冲突型（吵架打架等）、敌意型（有敌意或敌对行为）、情感无涉型（没有交往）；将互动结果划分为依恋型、愉悦型与压抑型。参考相关文献，结合实际状况，编制《高中生人际关系状况及对健康发展影响的调查问卷》一份，对古浪县三个普通高中学生做调查。量表包括三大板块，第一板块为样本的人口社会学信息，统计学变量为性别（男、女）、所在年级（高一、高二、高三及复读）、家庭所在地特征（县城、乡村、乡镇）、所在学校（一中、二中、三中）与学业成绩（班级前10名、10～20名、20～30名以及30名以后）；第二板块为社会互动特征调查，涉及社会互动基本特征（包括家庭关系、师生关系、同学关系）、社会互动后的心理特征（包括依恋感、安全与愉悦感、无压力感）、学业特征（包括学业状态、自信心与满意度），一共24个变量（见表4-1）。问卷为5分制量表，1分表示完全不认同，2分表示不认同，3分表示一般，4分表示认同，5分表示完全认同，评价标准是均值在0～2.5分为不好，2.5～3.5为一般，3.5～5为较好（量表具体内容及项目见附录4）。

表4-1 社会互动特征及影响评价指标体系设计

<table>
<tr><th>项目</th><th>一级指标</th><th>二级指标</th><th>三级指标</th></tr>
<tr><td rowspan="8">社会互动特征及影响评价指标体系</td><td rowspan="3">社会互动特征</td><td>家庭关系</td><td>X1我的家人之间很少发生争吵;X2我会把心里话说给家人听;X3家人不会随意批评我骂我;X4我会听取家人给我的建议与意见;X5我在家里感到非常幸福愉快轻松</td></tr>
<tr><td>师生关系</td><td>X6和老师在一起我很愉快轻松;X7老师经常表扬鼓励我;X8我会把心里话说给老师;X9老师经常在课堂上关心我(如提问题等);X10我和老师的关系整体特别好</td></tr>
<tr><td>同学关系</td><td>X11我和同学之间经常交流;X12我没有关系特不好或敌对的同学;X13我有困难时同学们会都来帮助我;X14我有若干个非常知心的朋友;X15我的同学关系整体很和谐</td></tr>
<tr><td rowspan="3">心理特征</td><td>依恋感</td><td>X16我非常依恋家庭学校</td></tr>
<tr><td>安全愉悦感</td><td>X17我在家庭学校感到很安全愉快;X18我从来不感到闷闷不乐或紧张不安</td></tr>
<tr><td>无压力感</td><td>X19我没有学习或其他方面的压力</td></tr>
<tr><td rowspan="2">学业发展特征</td><td>学业状态</td><td>X20我学习的劲头很足;X21我非常喜欢学习读书与考试;X22我在课堂上对老师讲解完全明白</td></tr>
<tr><td>自信心与满意度</td><td>X23我对自己的学习成绩感到满意;X24我认为自己的前途会很好</td></tr>
</table>

三、样本基本特征

本研究选取甘肃省古浪县第一中学、第二中学与第三中学的高中学生为调查对象。一共发放问卷300份，每个学校100份，共回收问卷300份，回收率为100.0%，其中有效问卷296份，有效回收率为98.7%。具体样本特征（见表4–2）是：性别方面，男性160人，所占比率为54.1%，女性136人，所占比率为45.9%；所在年级方面，高一年级96人，所占比率为32.4%，高二年级100人，所占比率为33.8%，高三年级61人，所占比率为20.6%，复读39人，所占比率为13.2%；家庭结构方面，家庭居住地在县城的33人，所占比率为11.1%，家庭居住地在乡村的165人，所占比率为55.7%，家庭居住地在乡镇的98人，所占比率为33.1%；学业成绩方面，班级前10名的有60人，所占比率为20.3%，班级前10–20名的有64人，所占比率为21.6%，班级20～30名的有74人，所占比率为25.0%，30名以后的有98人，所占比率为33.1%；所在学校方面，为古浪县第一中学100人，所占比率为33.8%，古浪县第二中学99人，所占比率为33.4%，古浪县第三中学97人，所占比率为32.8%。样本基本符合现实状况，代表性很强。

表4–2　样本基本特征

		人数(人)	所占比率(%)	有效比率(%)	累计比率(%)
性别	男	160	54.1	54.1	54.1
	女	136	45.9	45.9	100.0
	总计	296	100.0	100.0	
所在班级	高一年级	96	32.4	32.4	32.4
	高二年级	100	33.8	33.8	66.2
	高三年级	61	20.6	20.6	86.8
	高三复读	39	13.2	13.2	100.0
	总计	296	100.0	100.0	
家庭所在地	县城	33	11.1	11.1	11.1
	乡村	165	55.7	55.7	66.9
	乡镇	98	33.1	33.1	100.0
	总计	296	100.0	100.0	
学业成绩	班级前10名	60	20.3	20.3	20.3
	班级前10～20名	64	21.6	21.6	41.9
	一般班级20～30名	74	25.0	25.0	66.9
	班级30名以后	98	33.1	33.1	100.0
	总计	296	100.0	100.0	

续表4-2

		人数(人)	所占比率(%)	有效比率(%)	累计比率(%)
所在学校	第一中学	100	33.8	33.8	33.8
	第二中学	99	33.4	33.4	67.2
	第三中学	97	32.8	32.8	100.0
	总计	296	100.0	100.0	

第二节　社会互动对高中生学业成绩的影响

一、高中生社会互动基本特征

调查数据显示（见表4-3和图4-1），高中生互动特征如下：第一，主要在同学之间展开。“X10我跟同学之间经常交流”的均值最高，数据为4.0642；“X13我的同学关系整体很和谐”，均值达到了4.0372；同学关系比较单纯，“X11没有关系特不好或是敌对的同学”，均值为3.8986。第二，家庭互动关系较好。“X1我的家人之间很少争吵”，均值为3.8581；高中生由于经验和阅历不足，基本对家长意见比较重视，“X4我会听取家人给的建议和意见”的均值为3.9088；但是高中生一般趋向于“倾听型”或者“被动接受型”，主动向家长诉说内心想法的比较少，“X2我会把心里话说给家人听”的均值为3.3953。第三师生关系不太理想。学生当中向老师诉说心事者数量较少，感到师生关系和谐者较少，“X5和老师在一起我很轻松愉快”的均值较低，为3.4730。可见，家庭是最舒适的场所，同学是互动最频繁的对象，教师与学生交往关系需要得到改善。

表4-3 高中生社会互动的基本特征

	样本数（人）	最小值	最大值	均值	标准差	偏度		峰度	
	统计值	统计值	统计值	统计值	统计值	统计值	标准误差	统计值	标准误差
X1我的家人之间很少争吵	296	1.00	5.00	3.8581	0.85180	−0.519	0.142	0.102	0.282
X2我会把心里话说给家人听	296	1.00	5.00	3.3953	0.98248	−0.039	0.142	−0.528	0.282

续表4-3

	样本数（人）	最小值	最大值	均值	标准差	偏度		峰度	
	统计值	统计值	统计值	统计值	统计值	统计值	标准误差	统计值	标准误差
X3家人不会随意批评我骂我	296	1.00	5.00	3.8041	0.96837	−0.726	0.142	0.276	0.282
X4我会听取家人给的建议和意见	296	1.00	5.00	3.9088	0.75135	−0.476	0.142	0.433	0.282
X5和老师在一起我很轻松愉快	296	1.00	5.00	3.4730	0.83521	−0.441	0.142	0.748	0.282
X6老师经常表扬鼓励我	296	1.00	5.00	3.1723	0.83608	−0.123	0.142	0.711	0.282
X7我会把心里话说给老师	296	1.00	5.00	2.6757	0.90734	0.029	0.142	−0.184	0.282
X8老师经常在课堂上关心我	296	1.00	5.00	3.2804	0.89769	−0.413	0.142	0.449	0.282
X9我和老师的关系整体特别好	296	1.00	5.00	3.4595	0.78872	−0.262	0.142	0.380	0.282
X10我很同学之间经常交流	296	1.00	5.00	4.0642	0.72668	−0.686	0.142	1.348	0.282
X11我没有关系特不好或是敌对的同学	296	1.00	5.00	3.8986	0.88865	−0.763	0.142	0.708	0.282
X12我有困难时同学都会帮我	296	1.00	5.00	3.7432	0.75124	−0.360	0.142	0.498	0.282
X13我的同学关系整体很和谐	296	2.00	5.00	4.0372	0.68542	−0.365	0.142	0.151	0.282

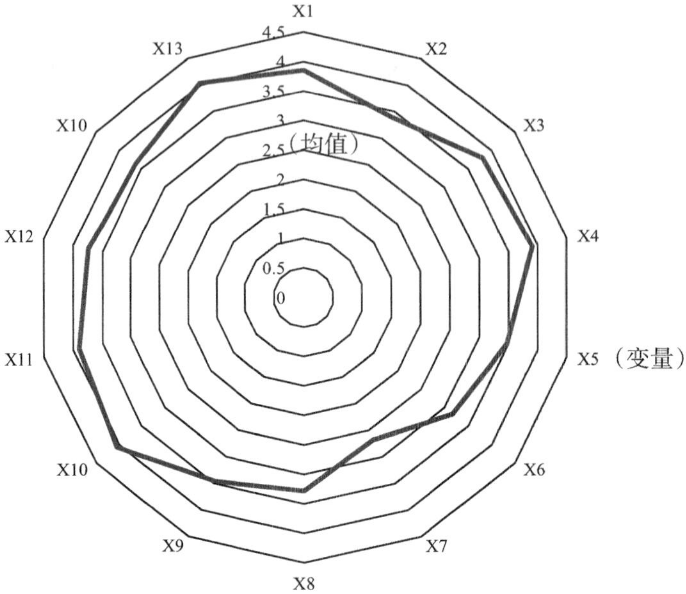

图4-1　高中生社会互动基本特征雷达表达图

二、高中生社会互动影响基本特征

社会互动会对高中生心理形成巨大影响。本次调查数据（见表4-4与图4-2）显示："X15我在家庭学校感到安全愉快"的均值最高，为3.6149；"X18我学习的劲头很足"与"X20我认为自己的前途很好"的均值也较高，为3.4426；"X19我在课堂上对老师讲解的内容完全明白"的均值为3.1554；均值最低的是压力感，"X17我没有学习或其他方面压力"的均值为2.6892；"X16我从来不感到闷闷不乐或紧张不安"的均值为2.9291；"X22我对自己的学习成绩感到满意"的均值为2.7500。可见，学生的满意度、没有压力感、不紧张感指数需要得到提升。

表4-4　高中生社会互动后心理与学业的基本特征

	样本数（人）	最小值	最大值	均值	标准差	偏度		峰度	
	统计值	统计值	统计值	统计值	统计值	统计值	标准误差	统计值	标准误差
X14我非常依恋家庭学校	296	1.00	5.00	3.2162	0.86389	−0.274	0.142	0.326	0.282
X15我在家庭学校感到安全愉快	296	1.00	5.00	3.6149	0.82769	−0.515	0.142	0.771	0.282

续表4-4

	样本数（人）	最小值	最大值	均值	标准差	偏度		峰度	
	统计值	统计值	统计值	统计值	统计值	统计值	标准误差	统计值	标准误差
X16我从来不感到闷闷不乐或紧张不安	296	1.00	5.00	2.9291	0.86261	0.201	0.142	0.325	0.282
X17我没有学习或其他方面压力	296	1.00	5.00	2.6892	1.03728	0.394	0.142	−0.211	0.282
X18我学习的劲头很足	296	1.00	5.00	3.4426	0.74339	−0.125	0.142	0.739	0.282
X19我在课堂上对老师讲解的内容完全明白	296	1.00	5.00	3.1554	0.74754	0.131	0.142	0.625	0.282
X20我认为自己的前途很好	296	1.00	5.00	3.4426	0.83366	0.042	0.142	−.036	0.282
X21我非常喜欢学习读书考试	296	1.00	5.00	3.1453	0.85322	−0.085	0.142	0.329	0.282
X22我对自己的学习成绩感到满意	296	1.00	5.00	2.7500	0.90479	0.349	0.142	0.335	0.282
有效样本数	296								

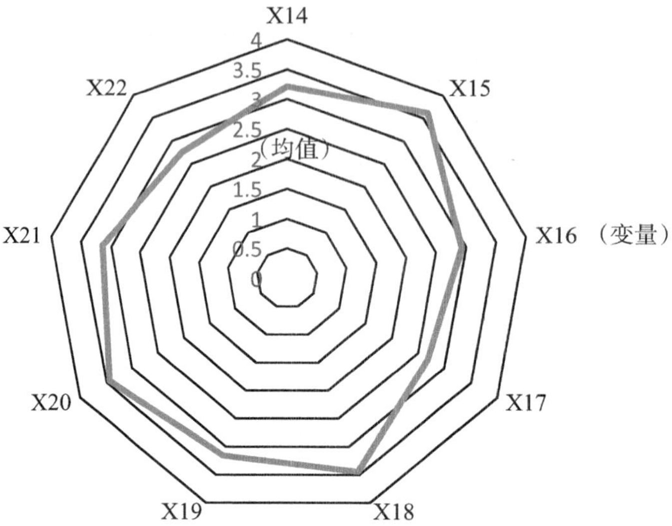

图4-2　高中生社会互动后心理与学业特征雷达表达图

第三节　社会互动对高中生学业成绩发展的影响差异分析

一、社会互动对高中生心理影响的差异

首先，分析不同性别高中生社会互动对心理形成的影响。采用交叉列联表分析法，开展一致性等检验。性别与互动后对家庭、学校的依恋感心理方面，显著性水平设定为0.05时，概率P值为0.963，大于0.05，因此可以判定性别之间没有依恋感差异，性别因素不会造成高中生对家庭学校依恋程度的显著差异；性别与互动后安全愉悦感心理方面，显著性水平设定为0.05时，概率P值为0.491，大于0.05，因此可以判定性别之间没有差异，性别因素不会造成高中生对安全愉悦感程度的显著差异；性别与互动后是否有压抑感与紧张感心理方面，显著性水平设定为0.05时，概率P值为0.291，大于0.05，因此可以判定性别之间没有差异，性别因素不会造成高中生紧张感程度的显著差异；性别与互动后是否有学习压力感心理方面，显著性水平设定为0.05时，概率P值为0.007，大于0.05，因此可以判定性别之间没有差异，性别因素不会造成高中生学习压力感程度的显著差异（见表4-5）。

表4-5 性别视角下社会互动对高中生心理异同影响的差异　　单位：人

		我非常依恋家庭学校					总计
		很不好	不好	一般	好	很好	
性别	男	6	18	80	47	9	160
	女	5	18	63	43	7	136
总计		11	36	143	90	16	296
		我在家庭学校感到安全愉快					总计
		很不好	不好	一般	好	很好	
性别	男	4	9	58	74	15	160
	女	2	4	47	63	20	136
总计		6	13	105	137	35	296
		我从来不感到闷闷不乐或紧张不安					总计
		很不好	不好	一般	好	很好	
性别	男	4	36	82	28	10	160
	女	8	35	71	18	4	136
总计		12	71	153	46	14	296
		我没有学习或其他方面压力					总计
		很不好	不好	一般	好	很好	
性别	男	19	43	58	24	16	160
	女	14	58	48	13	3	136
总计		33	101	106	37	19	296

其次，分析所在年级高中生社会互动对心理造成的影响。所在年级与互动后对家庭学校的依恋感心理方面，显著性水平设定为0.05时，概率P值为0.200，大于0.05，因此可以判定性别之间没有依恋感差异，所在年级因素不会造成高中生对家庭学校依恋程度的显著差异；所在年级与互动后安全愉悦感心理方面，显著性水平设定为0.05时，概率P值为0.245，大于0.05，因此可以判定性别之间没有差异，所在年级因素不会造成高中生安全愉悦感程度的显著差异；所在年级与互动后是否有压抑感与紧张感心理方面，显著性水平设定为0.05时，概率P值为0.563，大于0.05，因此可以判定性别之间没有差异，所在年级因素不会造成高中生紧张感程度的显著差异；所在年级与互动后是否有学习压力感心理方面，显著性水平设定为0.05时，概率P值为0.399，大于0.05，因此可以判定性别之间没有差异，所在年级因素不会造成高中生学习压力感程度的显著差异（见表4-6）。

表4-6　所在年级视角下社会互动对高中生心理影响的异同　　单位：人

		我非常依恋家庭学校					总计
		很不好	不好	一般	好	很好	
年级	高一年级	4	15	51	21	5	96
	高二年级	6	11	49	28	6	100
	高三年级	0	9	25	24	3	61
	复读	1	1	18	17	2	39
总计		11	36	143	90	16	296
		我在家庭学校感到安全愉快					总计
		很不好	不好	一般	好	很好	
年级	高一年级	2	7	37	38	12	96
	高二年级	4	4	36	45	11	100
	高三年级	0	2	21	34	4	61
	复读	0	0	11	20	8	39
总计		6	13	105	137	35	296
		我从来不感到闷闷不乐或紧张不安					总计
		很不好	不好	一般	好	很好	
年级	高一年级	5	18	49	15	9	96
	高二年级	5	26	51	15	3	100
	高三年级	1	15	34	10	1	61
	复读	1	12	19	6	1	39
总计		12	71	153	46	14	296
		我没有学习或其他方面压力					总计
		很不好	不好	一般	好	很好	
年级	高一年级	8	29	39	11	9	96
	高二年级	14	33	35	11	7	100
	高三年级	6	28	15	10	2	61
	复读	5	11	17	5	1	39
总计		33	101	106	37	19	296

接下来，分析家庭所在地不同高中生社会互动后心理差异。所在地与互动后对家庭学校的依恋感心理方面，显著性水平设定为0.05时，概率P值为0.131，大于0.05，因此可以判定没有依恋感差异，家庭所在地因素不会造成高中生对家庭学校依恋程度的显著差异；家庭所在地与互动后安全愉悦感心理方面，显著性水平设定为0.05时，概率P值为0.241，大于0.05，因此可以判定没有差异，家庭所在地因素不会造成高中

生安全愉悦感程度的显著差异；家庭所在地与互动后是否有压抑感与紧张感心理方面，显著性水平设定为0.05时，概率P值为0.055，大于0.05，因此可以判定没有差异，家庭所在地因素不会造成高中生紧张感程度的显著差异；家庭所在地与互动后是否有学习压力感心理方面，显著性水平设定为0.05时，概率P值为0.899，大于0.05，因此可以判定没有差异，家庭所在地因素不会造成高中生学习压力感程度的显著差异（见表4–7）。

表4–7 家庭所在地视角下社会互动对高中生心理影响的异同 单位：人

		我非常依恋家庭学校					总计
		很不好	不好	一般	好	很好	
家庭	县城	4	0	17	10	2	33
	乡村	4	21	80	52	8	165
	乡镇	3	15	46	28	6	98
总计		11	36	143	90	16	296
		我在家庭学校感到安全愉快					总计
		很不好	不好	一般	好	很好	
家庭	县城	1	0	17	11	4	33
	乡村	2	6	55	79	23	165
	乡镇	3	7	33	47	8	98
总计		6	13	105	137	35	296
		我从来不感到闷闷不乐或紧张不安					总计
		很不好	不好	一般	好	很好	
家庭	县城	3	7	18	2	3	33
	乡村	1	41	88	28	7	165
	乡镇	8	23	47	16	4	98
总计		12	71	153	46	14	296
		我没有学习或其他方面压力					总计
		很不好	不好	一般	好	很好	
家庭	县城	4	8	14	4	3	33
	乡村	19	55	59	23	9	165
	乡镇	10	38	33	10	7	98

最后，分析学业成绩不同高中生社会互动后心理差异。显著性水平设定为0.05时，概率P值（Asymp. Sig.）都大于0.05，因此可以判定没有差异，学业成绩因素不会造成高中生社会互动后心理显著差异（见表4–8）。

表4-8 学业成绩视角下社会互动对高中生心理影响的异同 单位：人

		我非常依恋家庭学校					总计
		很不依恋	不依恋	一般	依恋	很依恋	
成绩	班级前10名	2	5	31	19	3	60
	班级前10~20名	4	5	28	23	4	64
	一般班级20~30名	1	11	32	26	4	74
	班级30名以后	4	15	52	22	5	98
总计		11	36	143	90	16	296
		我在家庭学校感到安全愉快					总计
		很不好	不好	一般	好	很好	
成绩	班级前10名	2	1	18	31	8	60
	班级前10~20名	2	2	19	34	7	64
	一般班级20~30名	0	6	32	26	10	74
	班级30名以后	2	4	36	46	10	98
总计		6	13	105	137	35	296
		我从来不感到闷闷不乐或紧张不安					总计
		很不好	不好	一般	好	很好	
成绩	班级前10名	2	13	30	12	3	60
	班级前10~20名	4	18	33	7	2	64
	一般班级20~30名	2	17	38	14	3	74
	班级30名以后	4	23	52	13	6	98
总计		12	71	153	46	14	296
		我没有学习或其他方面压力					总计
		很不好	不好	一般	好	很好	
成绩	班级前10名	6	18	24	9	3	60
	班级前10~20名	12	25	19	7	1	64
	一般班级20~30名	5	31	20	12	6	74
	班级30名以后	10	27	43	9	9	98
总计		33	101	106	37	19	296

二、社会互动对学业发展的影响差异

以家庭学校依恋感为视角，分析社会互动差异的影响。具体表现如下：（1）“我的学习劲头十足”方面：很不依恋者的均值为3.2727，不依恋者的均值为3.3333，一般者的均值为3.3007，依恋者的均值为3.6889，很依恋者的均值为3.6875。其中，很不依恋者与其他四个群体之间没有显著差异；“依恋者”和“不依恋者”有显著差异；“一般者”与“依恋者”有显著差异；“一般者”与“很依恋者”有显著差异；“一般者”与“不依恋者”没有显著差异；“一般者”与“很不依恋者”没有显著差异；“不依恋者”与“很不依恋者”没有显著差异；“依恋者”与“很依恋者”没有显著性差异。（2）“我在课堂上对老师讲解完全明白”方面：很不依恋者的均值为3.3636，不依恋者的均值为2.9722，一般者的均值为3.0909，依恋者的均值为3.2444，很依恋者的均值为3.5000。其中，“不依恋者”与“很依恋者”有显著差异；“一般者”与“很依恋者”有显著差异。（3）“我非常喜欢学习读书考试”方面，“很不依恋者”的均值为3.4545，“不依恋者”的均值为2.9444，“一般者”的均值为3.0559，“依恋者”的均值为3.2111，“很依恋者”的均值为3.8125。其中，“不依恋者”与“很依恋者”有显著差异；“一般者”与“很依恋者”有显著差异。（4）“我认为自己的前途很好”方面：“很不依恋者”的均值为3.6364，“不依恋者”的均值为3.3611，“一般者”的均值为3.2937，“依恋者”的均值为3.5778，“很依恋者”的均值为4.0625，“不依恋者”与“很依恋者”有显著差异；“一般者”与“依恋者”“很依恋者”有显著差异；“依恋者”与“很依恋者”有显著差异。（5）“我对自己的学习成绩感到满意”方面，“很不依恋者”的均值为3.3636，“不依恋者”的均值为2.9722，“一般者”的均值为3.0909，“依恋者”的均值为3.2444，“很依恋者”的均值为3.5000，“不依恋者”与“很依恋者”没有显著差异；“一般者”与“依恋者”没有显著差异；“一般者”“很不依恋者”有显著差异；“一般者”与“很依恋者”有显著差异（见表4-9）。

表4–9　社会互动后心理异同对学业成绩发展的影响

因变量	(I) 我非常依恋家庭、学校	(J) 我非常依恋家庭、学校	均值差（I–J）	标准差	显著性	95%置信区间	
						下限	上限
我学习的尽头很足	很不依恋	不依恋	−0.06061	0.24979	0.808	−0.5522	0.4310
		一般	−0.02797	0.22686	0.902	−0.4745	0.4185
		依恋	−0.41616	0.23159	0.073	−0.8720	0.0396
		很依恋	−0.41477	0.28398	0.145	−0.9737	0.1442
	不依恋	很不依恋	0.06061	0.24979	0.808	−0.4310	0.5522
		一般	0.03263	0.13520	0.809	−0.2335	0.2987
		依恋	−0.35556*	0.14298	0.013	−0.6370	−0.0741
		很依恋	−0.35417	0.21785	0.105	−0.7829	0.0746
	一般	很不依恋	0.02797	0.22686	0.902	−0.4185	0.4745
		不依恋	−0.03263	0.13520	0.809	−0.2987	0.2335
		依恋	−0.38819*	0.09756	0.000	−0.5802	−0.1962
		很依恋	−0.38680*	0.19113	0.044	−0.7630	−0.0106
	依恋	很不依恋	0.41616	0.23159	0.073	−0.0396	0.8720
		不依恋	0.35556*	0.14298	0.013	0.0741	0.6370
		一般	0.38819*	0.09756	0	0.1962	0.5802
		很依恋	0.00139	0.19672	0.994	−0.3858	0.3886
	很依恋	很不依恋	0.41477	0.28398	0.145	−0.1442	0.9737
		不依恋	0.35417	0.21785	0.105	−0.0746	0.7829
		一般	0.38680*	0.19113	0.044	0.0106	0.7630
		依恋	−0.00139	0.19672	0.994	−0.3886	0.3858

续表 4-9

因变量	(I) 我非常依恋家庭、学校	(J) 我非常依恋家庭、学校	均值差 (I-J)	标准差	显著性	95% 置信区间	
						下限	上限
我在课堂上对老师讲解完全明白	很不依恋	不依恋	0.39141	0.25542	0.127	-0.1113	0.8941
		一般	0.27273	0.23198	0.241	-0.1838	0.7293
		依恋	0.11919	0.23681	0.615	-0.3469	0.5853
		很依恋	-0.13636	0.29039	0.639	-0.7079	0.4352
	不依恋	很不依恋	-0.39141	0.25542	0.127	-0.8941	0.1113
		一般	-0.11869	0.13825	0.391	-0.3908	0.1534
		依恋	-0.27222	0.14621	0.064	-0.5600	0.0155
		很依恋	-0.52778*	0.22277	0.018	-0.9662	-0.0893
	一般	很不依恋	-0.27273	0.23198	0.241	-0.7293	0.1838
		不依恋	0.11869	0.13825	0.391	-0.1534	0.3908
		依恋	-0.15354	0.09976	0.125	-0.3499	0.0428
		很依恋	-0.40909*	0.19545	0.037	-0.7938	-0.0244
	依恋	很不依恋	-0.11919	0.23681	0.615	-0.5853	0.3469
		不依恋	0.27222	0.14621	0.064	-0.0155	0.5600
		一般	0.15354	0.09976	0.125	-0.0428	0.3499
		很依恋	-0.25556	0.20115	0.205	-0.6515	0.1403
	很依恋	很不依恋	0.13636	0.29039	0.639	-0.4352	0.7079
		不依恋	0.52778*	0.22277	0.018	0.0893	0.9662
		一般	0.40909*	0.19545	0.037	0.0244	0.7938
		依恋	0.25556	0.20115	0.205	-0.1403	0.6515
我认为自己的前途很好	很不依恋	不依恋	0.27525	0.28086	0.328	-0.2775	0.8280
		一般	0.34266	0.25509	0.180	-0.1594	0.8447
		依恋	0.05859	0.26040	0.822	-0.4539	0.5711
		很依恋	-0.42614	0.31931	0.183	-1.0546	0.2023
	不依恋	很不依恋	-0.27525	0.28086	0.328	-0.8280	0.2775
		一般	0.06740	0.15202	0.658	-0.2318	0.3666
		依恋	-0.21667	0.16077	0.179	-0.5331	0.0998
		很依恋	-0.70139*	0.24495	0.004	-1.1835	-0.2193
	一般	很不依恋	-0.34266	0.25509	0.180	-0.8447	0.1594
		不依恋	-0.06740	0.15202	0.658	-0.3666	0.2318
		依恋	-0.28407*	0.10969	0.010	-0.5000	-0.0682
		很依恋	-0.76879*	0.21491	0	-1.1918	-0.3458
	依恋	很不依恋	-0.05859	0.26040	0.822	-0.5711	0.4539
		不依恋	0.21667	0.16077	0.179	-0.0998	0.5331
		一般	0.28407*	0.10969	0.010	0.0682	0.5000
		很依恋	-0.48472*	0.22119	0.029	-0.9201	-0.0494
	很依恋	很不依恋	0.42614	0.31931	0.183	-0.2023	1.0546
		不依恋	0.70139*	0.24495	0.004	0.2193	1.1835
		一般	0.76879*	0.21491	0.000	0.3458	1.1918
		依恋	0.48472*	0.22119	0.029	0.0494	0.9201

*. 相关性在 0.05 水平(双尾)具有重要意义。

续表 4-9

因变量	(I) 我非常依恋家庭、学校	(J) 我非常依恋家庭、学校	均值差 (I-J)	标准差	显著性	95%置信区间	下限
						上限	因变量
我非常喜欢学习读书考试	很不依恋	不依恋	0.51010	0.28816	0.078	-0.0570	1.0772
		一般	0.39860	0.26172	0.129	-0.1165	0.9137
		依恋	0.24343	0.26717	0.363	-0.2824	0.7693
		很依恋	-0.35795	0.32761	0.275	-1.0027	0.2868
	不依恋	很不依恋	-0.51010	0.28816	0.078	-1.0772	0.0570
		一般	-0.11150	0.15597	0.475	-0.4185	0.1955
		依恋	-0.26667	0.16495	0.107	-0.5913	0.0580
		很依恋	-0.86806*	0.25132	0.001	-1.3627	-0.3734
	一般	很不依恋	-0.39860	0.26172	0.129	-0.9137	0.1165
		不依恋	0.11150	0.15597	0.475	-0.1955	0.4185
		依恋	-0.15517	0.11254	0.169	-0.3767	0.0663
		很依恋	-0.75656*	0.22050	0.001	-1.1905	-0.3226
	依恋	很不依恋	-0.24343	0.26717	0.363	-0.7693	0.2824
		不依恋	0.26667	0.16495	0.107	-0.0580	0.5913
		一般	0.15517	0.11254	0.169	-0.0663	0.3767
		很依恋	-0.60139*	0.22694	0.008	-1.0480	-0.1547
	很依恋	很不依恋	0.35795	0.32761	0.275	-0.2868	1.0027
		不依恋	0.86806*	0.25132	0.001	0.3734	1.3627
		一般	0.75656*	0.22050	0.001	0.3226	1.1905
		依恋	0.60139*	0.22694	0.008	0.1547	1.0480
我对自己的学习成绩感到满意	很不依恋	不依恋	-0.40909	0.30553	0.182	-1.0104	0.1922
		一般	-0.62238*	0.27749	0.026	-1.1685	-0.0762
		依恋	-0.82020*	0.28327	0.004	-1.3777	-0.2627
		很依恋	-1.09659*	0.34736	0.002	-1.7803	-0.4129
	不依恋	很不依恋	0.40909	0.30553	0.182	-0.1922	1.0104
		一般	-0.21329	0.16537	0.198	-0.5388	0.1122
		依恋	-0.41111*	0.17489	0.019	-0.7553	-0.0669
		很依恋	-0.68750*	0.26647	0.010	-1.2120	-0.1630
	一般	很不依恋	0.62238*	0.27749	0.026	0.0762	1.1685
		不依恋	0.21329	0.16537	0.198	-0.1122	0.5388
		依恋	-0.19782	0.11933	0.098	-0.4327	0.0370
		很依恋	-0.47421*	0.23379	0.043	-0.9343	-0.0141

续表4-9

因变量	(I) 我非常依恋家庭、学校	(J) 我非常依恋家庭、学校	均值差（I-J）	标准差	显著性	95%置信区间	下限
						上限	因变量
	依恋	很不依恋	0.82020*	0.28327	0.004	0.2627	1.3777
		不依恋	0.41111*	0.17489	0.019	0.0669	0.7553
		一般	0.19782	0.11933	0.098	−0.0370	0.4327
		很依恋	−0.27639	0.24062	0.252	−0.7500	0.1972
	很依恋	很不依恋	1.09659*	0.34736	0.002	0.4129	1.7803
		不依恋	0.68750*	0.26647	0.010	0.1630	1.2120
		一般	0.47421*	0.23379	0.043	0.0141	0.9343
		依恋	0.27639	0.24062	0.252	−0.1972	0.7500
*. 相关性在0.05水平（双尾）具有重要意义。							

第四节　总结思考与对策建议

一、总结

本次调查数据表明：（1）高中生社会互动的三个层面（家庭互动、同学互动、师生互动）差异很大。同学之间互动关系最好，家庭次之，师生关系最差，这与中国传统文化中的师生关系如父子的说法大相径庭，也和教育发展需求不符，认为良好的师生关系有助于提升教育教学质量和帮助学生很好地完成社会化过程。现实中师生关系不佳的原因很多，具体有：高中生学业繁忙，和教师之间的互动频率减少，导致师生关系趋于淡漠；很多学校以高考为工作指挥棒，以升学率为评价标准，使一些教师对学生的评价以课程分数为依据，对待一些“问题学生”“后进生”等态度不够热情，使学生产生抗拒心理；一些教师没有形成平等观念，高高在上，对学生的意见、建议和其他心事不接受、不听取；一些教师为了管理方便，将一些活泼可爱、善于交际的学生视为麻烦，无法正确对待；一些教师对学生态度简单粗暴，不知道恩威并用，批评过多，使学生敬而远之甚至产生怨恨，使师生关系不融洽或出现裂缝；一些教师对个别学生了解不够，往往形成“刻板效应”，在日常生活与教学管理中带着“有色眼镜”看待学生，对学生的缺点和不足多，对闪光点和优点了解不够，不利于师生之间深度互动；一些教师受到社会不良风气的影响，将师生关系定位为利益关系，患得患失，斤斤计较，无法和学生形成良好和谐的人际关系。(2) 高中生性别、年级、家庭所在地、成绩、所在学校等不会对社会互动后的心理形成显著性影响。在一般人刻板印象之中，不同性别、不同城乡背景之间、不同年级、不同成绩学生之间，由于生理特征不同，会出现不同的社交模式，进而在心理方面有差异，但数据表明此假设难以成立。原因在于：尽管古往今来的大量案例与实证分析都表明，社交能力对一个人的发展至关重要，尤其中国社会是一个人情社会、关系社会，不懂得处理人际关系简直就是如同如一位阿拉伯哲人所言："一个没有交际能力的人，犹如是艘陆地上的船，永远也不会漂泊到人生大海的彼岸。"但巨大的高考压力，使社会评价以学业成绩为最主要指标，社交能力暂时不会影响学生在就学方面的发展；高中阶段以课程学习为主，社交对不同社会学特征的个人在心理方面的影响（焦虑感、紧张感等）不是很显著，这些都与成人发展有很大区别。值得注意的是，相关心理问题在高中阶段基本属于潜伏期、蛰伏期，一些由于社交导致的人格问题、心理问题、行为问题会在将来的职场中得到明显表露。(3) 家庭学校依恋感会影响学习成绩。依恋感会如同一只无形之手，引导学生以积极主动的心态投入学业，面对各类压力，激发自己的潜力，形成团队意识，具备责任感、使命感，实现自己心中的理想，维护好学校荣誉、声誉。社会关系越和谐，高中个体或群体的依恋感就会越强，学习动力就会越足，成功感与自信心就会越强，形成良性循环；反之，则自信心越低，学习动力越弱，形成恶性循环。

二、建议

增强学生社交意识。社会生活的快节奏化、利益多元化、冲突多元化趋势，要求人必须具备基本的社交技能，否则就无法很好地适应社会，不利于自己的健康发展与事业成功。高中阶段是人社会化的重要阶段，虽然高中阶段固然以升学为最主要目标，但在核心素养发展理念背景下，教育者和管理部门要转变理念，积极培养学生学术社交意识，让高中生认识到社交对自己学业发展的影响意义，认识到对自己未来发展和全面和谐发展的重要性，切实改变高中阶段的生活与学习模式。何况，社交问题对高中生成人后的发展非常重要，在高中阶段如能形成基本的社会交际意识，获得基本的交际技能，对将来走向社会有百利而无一害，反之如果没有形成基本的社交意识，恐怕会对后续发展有不同程度的影响与制约。

改善师生关系。师生关系包括教育关系、情感心理关系和伦理关系。教学关系中，教师要善于和学生进行沟通，在课内课外为学生提供表达和交流的机会，促进教学任务的顺利完成；心理情感关系方面，教师要进一步强化责任心，具有更大的贡献意识，关爱学生，关心学生生活，多与学生开展心理交流；从学生感兴趣和最关心的话题入手，增强互动，激发认同感，形成新型师生关系。伦理关系方面，教师要言传身教，将社会道德规范展示给学生群体，以自己高尚的人格魅力和形象影响全体学生。当然，具体工作中要维护师道尊严和教师基本权益，同时要避免师尊生卑现象发生，师生之间要互相尊重，平等交流交往。

提高学生社交技能。在帮助学生养成社交意识的同时，要多管齐下，利用可能的机会，提升学生社交互动能力。例如，可以积极开展社会互动方面的心理咨询。鉴于个别学生与家长和教师之间的沟通存在问题，要切切实实开展心理咨询课程，设立心理咨询室，为学生排忧解难，助力学生走向健康发展之路。还有，要设置兴趣课程、课外实践活动，成立相关社团，围绕社交礼仪、社交技巧、社交案例，对高中生进行社交人文知识教育，帮助高中生具备基本的社交技能，学会与他人互动和交往，为以后成为一个成熟的高素养社会人奠定基础。

第五章 家庭与高中生健康发展

第一节 研究设计

一、研究方法

本章应用SPSS与EXCELL软件，对数据做分析与处理。具体采取的方法有三：一是描述性统计分析。提取所有调查项目的频次、百分比、最大值、最小值、均值、标准差，了解高中学生家庭及其对学习动机影响的基本特征；二是采用因子分析法。对高中生学习动机做聚类，形成几个因子。三是方差分析法。探究高中生家庭因素对学习动机的影响，探究具体表现及差异。

二、研究工具

本研究参考相关文献，结合实际状况，编制《家庭与高中生心理健康关系调查问卷》一份，对古浪县三个普通高中学生做调查。量表包括两大板块，第一板块为样本的人口社会学信息，统计学变量为性别（男、女）、所在年级（高一、高二、高三及复读习）、家庭结构（三代人生活、和父母一起、父母离异、其他）、家庭所在地特征（县城、乡村、乡镇）、家庭经济条件（很好、好、一般、不好、很不好）、所在学校（一中、二中、三中）与学业成绩（班级前10名、10～20名、20～30名以及30名以后）；第二板块为家庭特征调查，涉及家庭基本特征（包括家庭偏好、家人关系、家人对孩子学业的关心程度）、家庭对学习心理特征（包括学习主动性、乐趣性、高考认识、志向）的影响，一共24个变量（见表5-1）。问卷为5分制量表，1分表示完全不认同，2分表示不认同，3分表示一般，4分表示认同，5分表示完全认同，评价标准是均值在0～2.5分为不好，2.5～3.5为一般，3.5～5为较好（量表具体内容及项目见附录2）。

表5-1　社会互动特征及影响评价指标体系设计

项目	一级指标	二级指标	三级指标
家庭特征及影响评价指标体系	家庭特征	家庭偏好	家人喜欢健身运动；家人喜欢谈论政治社会文化等问题；家人喜欢音乐、舞蹈或书法等艺术；家人谈论钱财收入；家人谈论教育和学生成绩问题；家人多谈论一些生活琐事
		家人关系	家人之间和和睦睦、欢欢乐乐；家人之间经常吵架闹矛盾；家人之间有时争吵；家人之间联系很少
		家人身份与地位	家人是农民，为赚钱到处劳动奔波；家人是商业人员，有可观的工资收入；家人文化程度较高，是知识分子；家人是领导干部；家人是一般人员，有稳定工资收入但不是很多
		家人对我的关心程度	家人经常问起学习情况；家人很少过问学习；家人由于学习情况对我很生气；家人由于学习成绩对我满意
	学习动机特征	学习主动性	我会主动学习不要别人催促；我会利用一切机会和时间学习
		学习乐趣感	我觉得学习是快乐而有意义的事情
		对高考的认识	我觉得考不上好大学对自己非常不利；我觉得考不上好大学对不起家人
		学习志向	我应该在学业成就方面超越家人；我应该通过学习改变家庭命运；我想在将来有所作为

三、样本基本特征

本研究选取甘肃省古浪县第一中学、第二中学与第三中学的高中学生为调查对象。一共发放问卷300份，每个学校100份，共回收问卷300份，回收率为100.0%，其中有效问卷300份，有效回收率为100.0%。具体样本特征（见表5-2）是：性别方面，男性138人，所占比率为46.0%，女性162人，所占比率为54.0%；所在年级方面，高一年级100人，所占比率为33.3%，高二年级100人，所占比率为33.3%，高三年级60人，所占比率为20.0%，复读40人，所占比率为13.3%；家庭结构方面，家庭三代人一起的185人，所占比率为61.7%，和父母在一起的105人，所占比率为35.0%，父母离异的3人，所占比率为1.0%，其他7人，所占比率为2.3%；家庭经济条件方面，很不好的1人，所占比率为0.3%，不好的12人，所占比率为4.0%，一般的224人，所占比率为81.3%，好的39人，所占比率为13.0%，很好的4人，所占比率为1.3%；学业成绩方面，班级前10名的有60人，所占比率为20.0%，班级前10～20名的有63人，所占比率为21.0%，班级20～30名的有70人，所占比率为23.3%，班级中30名以后的有107人，所占比率为35.7%；所在学校方面，古浪县第一中学100人，所占比率为33.3%，古浪县第二中学100人，所占比率为33.3%，古浪县第三中学100人，所占比率为33.3%。样本基本符合现实状况，具有比较好的代表性。

表5-2　样本基本特征

		人数（人）	所占比率（%）	有效比率（%）	累计比率（%）
性别	男	138	46.0	46.0	46.0
	女	162	54.0	54.0	100.0
所在年级	高一年级	100	33.3	33.3	33.3
	高二年级	100	33.3	33.3	66.7
	高三年级	60	20.0	20.0	86.7
	高三复读	40	13.3	13.3	100.0
家庭结构	三代人	185	61.7	61.7	61.7
	父母	105	35.0	35.0	96.7
	父母离异	3	1.0	1.0	97.7
	其他	7	2.3	2.3	100.0
家庭经济条件	很不好	1	0.3	0.3	0.3
	不好	12	4.0	4.0	4.3
	一般	244	81.3	81.3	85.7
	好	39	13.0	13.0	98.7
	很好	4	1.3	1.3	100.0
学习成绩	班级前10名	60	20.0	20.0	20.0
	班级前10～20名	63	21.0	21.0	41.0
	班级20～30名	70	23.3	23.3	64.3
	班级30名以后	107	35.7	35.7	100.0
所在学校	第一中学	100	33.3	33.3	33.3
	第二中学	100	33.3	33.3	66.7
	第三中学	100	33.3	33.3	100.0

第二节 家庭与学习动机特征整体分析

一、家庭整体特征

1.家庭偏好特征

依据偏好，将家庭归类为“运动健身型”（喜欢武术、长跑、打乒乓球、打篮球、踢足球等体育运动）、“国家大事型”（喜欢谈论世界大事与国内外政治格局变化）、“艺术爱好型”（喜欢音乐、舞蹈、雕塑、绘画等艺术活动）、“理财收入型”（喜欢炒股、购买基金等活动）、“教育关爱型”（喜欢谈论如何教育孩子等事情）、“生活爱好型”（谈话主题小而琐事多，涉及日常生活）。本次调查数据显示，高中生家庭中，“教育关爱型”的均值最大，为4.1033；第二位的是“运动健身型”，均值为3.4467；第三位的是“生活爱好型”，均值为3.5867；第四位的是“理财收入型”，均值为3.3000；第五位的是“国家大事型”，均值为3.2467；最后一位是“艺术爱好型”，均值为3.0933。这说明由于古浪县属于典型不发达县域，很多家庭受教育水平、收入等限制，尚不以谈论艺术和国家大事为日常话题，很多家庭还在为生计奔波；但很多家庭由于家有考生，对教育非常关注，势必对孩子的发展形成较好的影响。

表5–3 高中生家庭偏好特征

	样本数（人）	最小值	最大值	均值	标准差	偏度		峰度	
	统计值	统计值	统计值	统计值	统计值	统计值	标准误差	统计值	标准误差
家人喜欢健身运动	300	1.00	5.00	3.4467	0.95053	−0.128	0.141	−0.150	0.281
家人喜欢谈论政治社会文化等问题	300	1.00	5.00	3.2467	0.93205	−0.011	0.141	−0.242	0.281
家人喜欢音乐、舞蹈或书法等艺术	300	1.00	5.00	3.0933	0.91327	−0.027	0.141	0.036	0.281
家人谈论钱财收入	300	1.00	5.00	3.3000	0.87132	0.140	0.141	−0.118	0.281

续表5-3

	样本数（人）	最小值	最大值	均值	标准差	偏度		峰度	
	统计值	统计值	统计值	统计值	统计值	统计值	标准误差	统计值	标准误差
家人谈论教育和学生成绩问题	300	1.00	5.00	4.1033	0.81744	−0.858	0.141	0.880	0.281
家人多谈论一些生活琐事	300	1.00	5.00	3.5867	0.97244	−0.191	0.141	−0.477	0.281

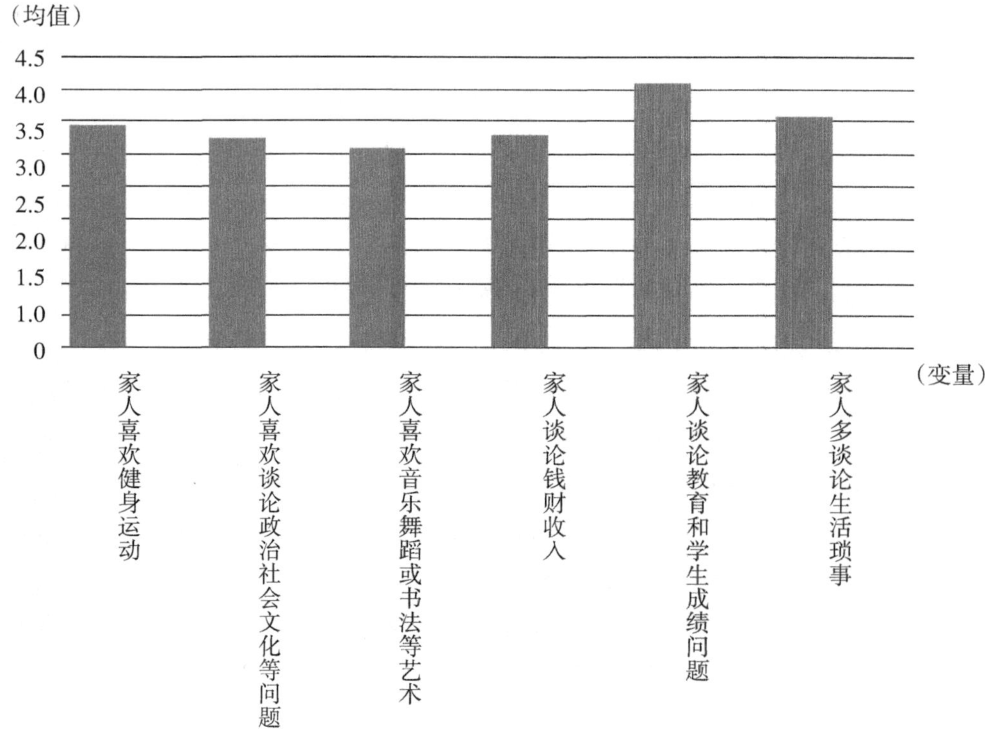

图5-1　高中生家庭偏好特征

2.家人关系与对孩子学习关心程度特征

家庭关系类型，可划分为几类：美好型、吵闹型、基本和谐型、隔膜型。本次调查数据表明，美好型家庭比重最高，均值为4.0800；基本和谐型家庭比重次之，均值为3.0767；第三位的是吵闹型家庭，均值为2.2933；隔膜型家庭很少，均值为2.0067。对孩子的关心程度方面，可归纳为几类：关心型、忽视型、批评型、满意型。数据表明，关心型家庭最多，均值为4.1867；忽视型家庭比重较小，均值为2.0133；批评型家庭较少，均值为2.9333；满意型家庭较多，均值为3.0533。

表 5-4　高中生家庭关系特征及对学生关心程度

	样本数（人）	最小值	最大值	均值	标准差	偏度		峰度	
	统计值	统计值	统计值	统计值	统计值	统计值	标准误差	统计值	标准误差
家人之间和和睦睦欢欢乐乐	300	1.00	5.00	4.0800	0.99174	−1.114	0.141	0.963	0.281
家人之间经常吵架闹矛盾	300	1.00	5.00	2.2933	1.04127	0.677	0.141	−0.006	0.281
家人之间有时争吵	300	1.00	5.00	3.0767	0.92392	−0.255	0.141	0.127	0.281
家人之间联系很少	300	1.00	5.00	2.0067	0.99158	0.940	0.141	0.353	0.281
家人经常问起学习情况	300	1.00	5.00	4.1867	0.85298	−1.344	0.141	2.430	0.281
家人很少过问学习	300	1.00	5.00	2.0133	1.00824	1.136	0.141	1.042	0.281
家人由于学习情况对我很生气	300	1.00	5.00	2.9333	1.09524	0.148	0.141	−0.541	0.281
家人由于学习成绩对我满意	300	1.00	5.00	3.0533	0.92376	−0.081	0.141	0.136	0.281

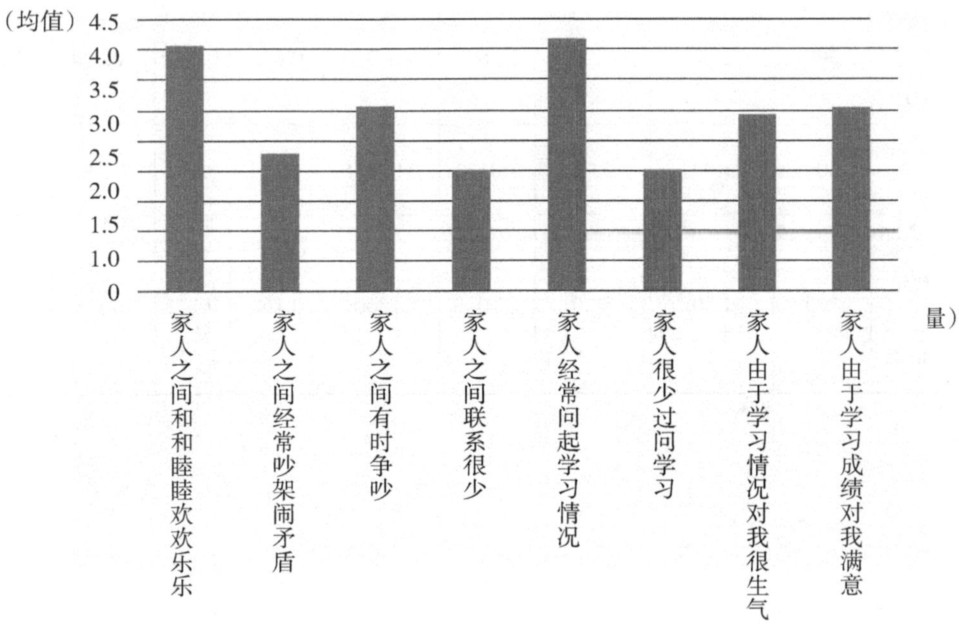

图 5-2　高中生家庭偏好特征

3. 家人职业与身份特征

依据职业和社会身份，可以将家庭划分为几类：农民家庭、知识分子家庭、商业经营者家庭、领导干部家庭和一般职员家庭。本次调查数据表明，农民家庭最多，均值为3.8133，这和古浪长期属于农业县特征非常吻合；一般职员家庭次之，均值为2.7033；知识分子家庭位居第四，均值为2.3667；商业经营者家庭排列第五，均值为2.7000；领导干部家庭最少，均值为1.8133。

表5-5 高中生家庭职业特征

	样本数（人）	最小值	最大值	均值	标准差	偏度		峰度	
	统计值	统计值	统计值	统计值	统计值	统计值	标准误差	统计值	标准误差
家人是农民，为赚钱到处劳动奔波	300	1.00	5.00	3.8133	1.11773	−0.856	0.141	0.075	0.281
家人是商业人员，有可观的工资收入	300	1.00	5.00	2.7000	1.00667	0.115	0.141	−0.513	0.281
家人文化程度较高，是知识分子	300	1.00	5.00	2.3667	1.04364	0.625	0.141	−0.084	0.281
家人是领导干部	300	1.00	5.00	1.8133	0.92086	1.414	0.141	2.206	0.281
家人是一般人员，有稳定工资收入但不是很多	300	1.00	5.00	2.7033	1.18603	0.168	0.141	−0.924	0.281

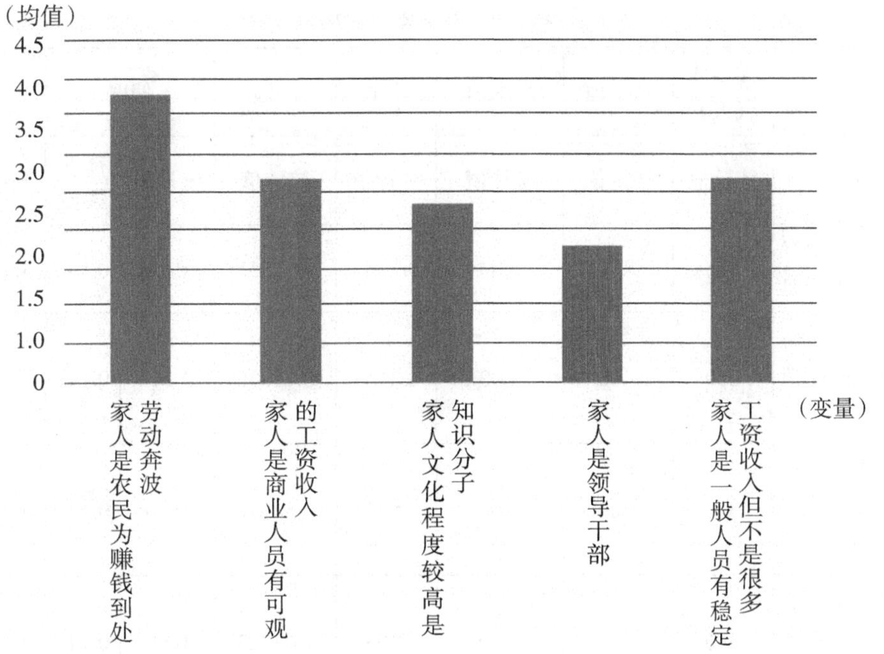

图5-3　高中生家庭职业特征

二、学习动机特征

1.描述性统计分析调查

数据表明，各类动机之中，“我想在将来有所作为”位居第一，均值为4.4033；“我应该通过学习改变家庭命运”位居第二，均值为4.1867；排列在第三位的是“我觉得考不上好大学对不起家人”，均值为4.0267；第四位的是“我觉得考不上好大学对自己非常不利”，均值为3.8933；“我应该在学业成就方面超越家人”位居第五，均值为3.8500；第六位的是“我会主动学习不要别人催促”，均值为3.7167；“我觉得学习是快乐而有意义的事情”位居第七，均值为3.5233；“我会利用一切机会和时间学习”排列在最后，均值为3.3133。这说明，高中生初步具备了主动学习的积极动机，并且把自己的发展与家庭发展、家庭命运、家庭生活质量联系起来，还有一定的远大抱负，要在将来有所作为。不足的是，从学习的乐趣“利用一切时间和机会来学习”的动机较弱，对时间的珍贵性认识仍需提升；同时，从学习中感受到乐趣的不多。

表 5-6　高中生学习动机特征

	样本数（人）	最小值	最大值	均值	标准差	偏度		峰度	
	统计值	统计值	统计值	统计值	统计值	统计值	标准误差	统计值	标准误差
我会主动学习不要别人催促	300	1.00	5.00	3.7167	0.77355	−0.117	0.141	0.063	0.281
我会利用一切机会和时间学习	300	1.00	5.00	3.3133	0.79830	0.249	0.141	0.681	0.281
我觉得学习是快乐而有意义的事情	300	1.00	5.00	3.5233	0.86716	−0.305	0.141	0.099	0.281
我觉得考不上好大学对自己非常不利	300	1.00	5.00	3.8933	1.03223	−0.997	0.141	0.700	0.281
我觉得考不上好大学对不起家人	300	1.00	5.00	4.0267	0.77543	−0.566	0.141	0.326	0.281
我应该在学业成就方面超越家人	300	1.00	5.00	3.8500	0.85827	−0.665	0.141	0.757	0.281
我应该通过学习改变家庭命运	300	1.00	5.00	4.1867	0.82912	−0.963	0.141	0.915	0.281
我想在将来有所作为	300	1.00	5.00	4.4033	0.77631	−1.444	0.141	2.691	0.281

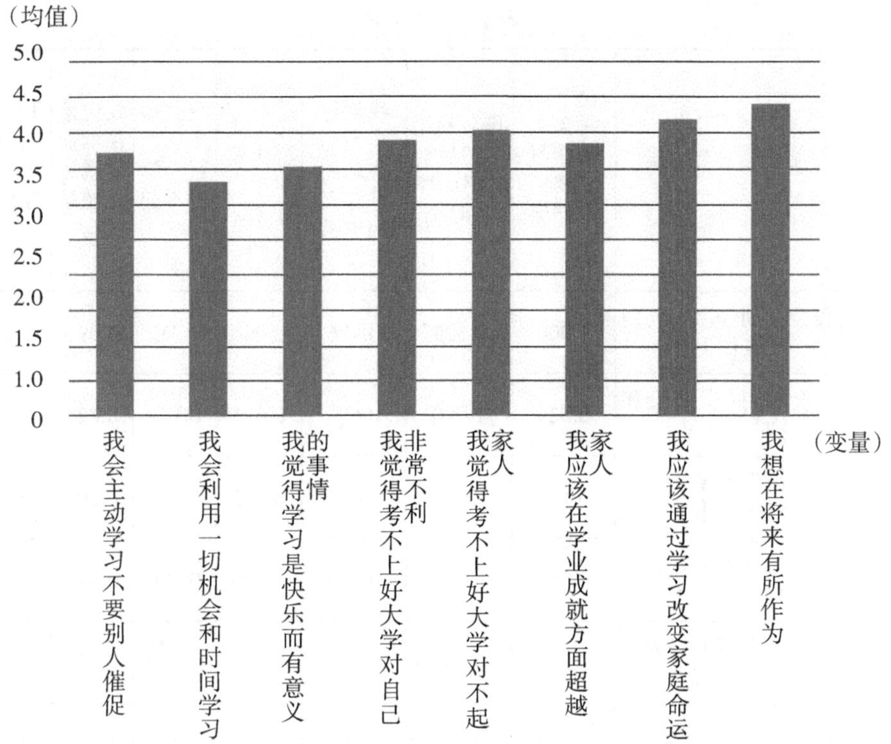

图5-4　高中生学习动机特征

2.因子分析

KMO and Bartlett's Test检验数据表明，Kaiser-Meyer-Olkin系数为0.758，数据非常适合做因子分析。相关性分析也表明可以开展因子分析。

表5-7　KMO and Bartlett's Test数值

取样足够度的Kaiser-Meyer-Olkin度量		0.758
Bartlett球形度检验	近似平方	747.119
	*df*值	28
	显著性	0

表5-8 相关性分析

		我会主动学习不要别人催促	我会利用一切机会和时间学习	我觉得学习是快乐而有意义的事情	我觉得考不上好大学对自己非常不利	我觉得考不上好大学对不起家人	我应该在学业成就方面超越家人	我应该通过学习改变家庭命运	我想在将来有所作为
相关性分析	我会主动学习不要别人催促	1.000	0.529	0.426	0.096	0.252	0.097	0.302	0.280
	我会利用一切机会和时间学习	0.529	1.000	0.593	0.081	0.149	0.225	0.250	0.146
	我觉得学习是快乐有意义的事情	0.426	0.593	1.000	0.122	0.183	0.205	0.268	0.267
	我觉得考不上好大学对自己非常不利	0.096	0.081	0.122	1.000	0.526	0.314	0.359	0.325
	我觉得考不上好大学对不起家人	0.252	0.149	0.183	0.526	1.000	0.393	0.476	0.427
	我应该在学业成就方面超越家人	0.097	0.225	0.205	0.314	0.393	1.000	0.486	0.402
	我应该通过学习改变家庭命运	0.302	0.250	0.268	0.359	0.476	0.486	1.000	0.641
	我想在将来有所作为	0.280	0.146	0.267	0.325	0.427	0.402	0.641	1.000
显著性	我会主动学习不要别人催促		0	0	0.048	0	0.047	0	0
	我会利用一切机会和时间学习	0		0	0.080	0.005	0	0	0.006
	我觉得学习是快乐有意义的事情	0	0		0.017	0.001	0	0	0
	我觉得考不上好大学对自己非常不利	0.048	0.080	0.017		0	0	0	0
	我觉得考不上好大学对不起家人	0	0.005	0.001	0		0	0	0
	我应该在学业成就方面超越家人	0.047	0	0	0	0		0	0
	我应该通过学习改变家庭命运	0	0	0	0	0	0		0
	我想在将来有所作为	0	0.006	0	0	0	0	0	

方差贡献率表明，可以提取三个因子，第一个样子的贡献率为25.779，第二个因子的贡献率为25.775，第三个因子的贡献率为18.708，累积贡献率为70.262。因子碎石图上（图5-5）可以对此做观察。旋转前后载荷系数表明，第一个因子包括变量“我应该通过学习改变家庭命运”“我想在将来有所作为”“我应该在学业成就方面超越家人”，可以命名为“雄心壮志因子”；第二个因子包括变量“我会利用一切机会和时间学习”“我觉得学习是快乐有意义的事情”“我会主动学习不要别人催促”，可以命名为“积极学习因子”；第三个因子包括变量“我觉得考不上好大学对自己非常不利”“我觉得考不上好大学对不起家人”，可以命名为“意义认知因子”。

表5-9　因子的方差贡献率数值

因子	提取平方和载入			旋转平方和载入		
	合计	方差比率(%)	累计比率(%)	合计	方差比率(%)	累计比率(%)
1	3.244	40.553	40.553	2.062	25.779	25.779
2	1.576	19.701	60.254	2.062	25.775	51.554
3	0.801	10.008	70.262	1.497	18.708	70.262
提取方法:主成分分析法。						

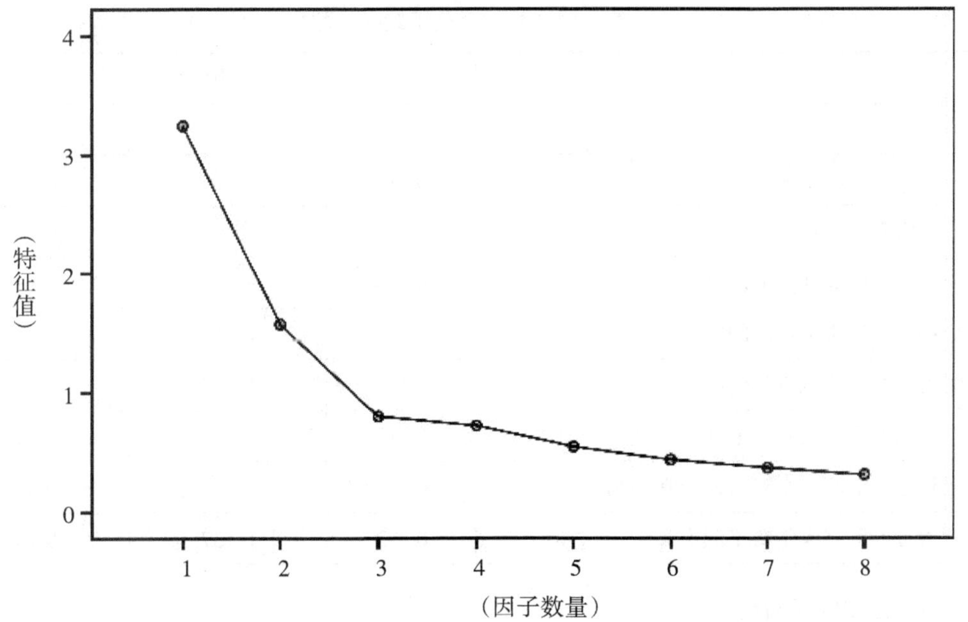

图5-5　因子碎石图

表5-10 旋转前因子载荷系数[a]

	因子		
	1	2	3
我应该通过学习改变家庭命运	0.812	0.204	0.230
我想在将来有所作为	0.811	0.145	0.172
我应该在学业成就方面超越家人	0.724		0.183
我会利用一切机会和时间学习		0.866	
我觉得学习是快乐有意义的事情	0.176	0.794	
我会主动学习不要别人催促	0.117	0.770	0.122
我觉得考不上好大学对自己非常不利	0.174		0.892
我觉得考不上好大学对不起家人	0.373	0.137	0.754
提取方法：主成分分析法。 旋转法：具有kaiser标准化的正交旋转法。			
a. 旋转在第5次迭代后收敛。			

表5-11 旋转后因子载荷系数[a]

	因子		
	1	2	3
我应该通过学习改变家庭命运	0.812	0.204	0.230
我想在将来有所作为	0.811	0.145	0.172
我应该在学业成就方面超越家人	0.724		0.183
我会利用一切机会和时间学习		0.866	
我觉得学习是快乐有意义的事情	0.176	0.794	
我会主动学习不要别人催促	0.117	0.770	0.122
我觉得考不上好大学对自己非常不利	0.174		0.892
我觉得考不上好大学对不起家人	0.373	0.137	0.754
提取方法：主成分分析法。 旋转法：具有kaiser标准化的正交旋转法。			
a. 旋转在第5次迭代后收敛。			

三、学习动机和样本人口社会学特征的相关性分析

应用相关分析法，观察性别、所在年级、家庭结构、家庭所在地、家庭经济条件、所在学校与学习动机的关系。数据表明，性别与因子1“雄心壮志因子”与因子2“积极学习因子”无关，但与“意义认知因子”相关，女性均值相对较高，这与女性对家人辛苦和对自己期望的理解有关。所在年级与因子1“雄心壮志因子”、因子2“积极学习因子”、因子3“意义认知因子”都没有关系；家庭成员结构与因子1“雄心壮志因子”、因子2“积极学习因子”没有相关关系，但与因子3“意义认知因子”相关；家庭经济条件与因子1“雄心壮志因子”、因子2“积极学习因子”没有相关关系，但与因子3“意义认知因子”相关；家庭所在地与因子1“雄心壮志因子”、因子2“积极学习因子”没有相关关系，但与因子3“意义认知因子”相关；所在学校与因子2“积极学习因子”没有相关关系，但与因子1“雄心壮志因子”、因子3“意义认知因子”之间具有相关关系。这表明，家庭在县城所在地、重点学校高中生成才和上大学的学习动机较强，乡村所在地、朋友高中学生动机相对较弱，学校教育需要强化乡村和普通学校学习动机。

表5-12 人口社会学特征与学习动机的相关性

		因子1分析	因子2分析	因子3分析
性别	皮尔逊相关系数	-0.089	0.092	0.101*
	双尾检测概率	0.062	0.052	0.034
	样本数(人)	300	300	300
年级	皮尔逊相关系数	0.055	0.098	-0.036
	双尾检测概率	0.343	0.091	0.536
	样本数(人)	300	300	300
家庭成员结构	皮尔逊相关系数	-0.017	-0.023	-0.122*
	双尾检测概率	0.765	0.695	0.035
	样本数(人)	300	300	300
家庭经济条件	皮尔逊相关系数	0.062	0.010	0.125*
	双尾检测概率	0.287	0.864	0.031
	样本数(人)	300	300	300
家庭所在地	皮尔逊相关系数	-0.022	-0.042	-0.151**
	双尾检测概率	0.708	0.469	0.009
	样本数(人)	300	300	300
学校	皮尔逊相关系数	-0.121*	0.098	-0.162**
	双尾检测概率	0.037	0.091	0.005
	样本数(人)	300	300	300
*. 相关性在0.05水平(双尾)具有重要意义。**. 相关性在0.01水平(双尾)具有重要意义。				

典型个案1：刘氏家族人才辈出　家风影响学子学业

古浪县四道岘刘氏家族是人口大家族，也是人才大家族，先后有很多学生成为大学生，在社会上形成一定影响，其中最具有知名度和代表性的是刘德元（古浪一中毕业，考取兰州财经大学，毕业后留学加拿大，现在美国工作）、刘澈元（古浪一中毕业，考取厦门大学经济学博士，先后在河西学院、广西师范大学、广西财经大学等地工作）。受到家族和家庭影响，年龄较小的学生都形成互相竞争的观念，暗下决心，要在学业上有所成就。其中，刘汉元（古浪三中教师）之子刘应檀从小善学，喜欢体育和社交，从古浪三中毕业，成为当年古浪县高考文科状元，以优异成绩考取复旦大学，现攻读博士学位，定居上海。

古浪县米氏家族也很有代表性。由于家庭经济条件一般，父辈长期居住在山区，学子们都受到父辈的良好教诲，积极学习，成绩优良，先后涌现出一批人才。如米登海高中毕业后在医学领域深造，先后任武威肿瘤医院院长、甘肃卫生厅副厅长，现为甘肃省第二人民医院院长、教授、博导；米登发高中毕业后在翻译领域深造，现为青海省检验检疫局副局长；米登疆古浪一中毕业后考取地质学专业，现在新疆工作，是知名企业家。还有几位也都考取国内名牌大学，目前小有成就。

典型个案2：家长打工在外吃苦受累　孩子懂事刻苦学习报答父母

XXX，来自山区。父母皆是老实巴交的农民，忙时在家种地，闲时外出打工，赚钱养家，供养学生上学。为了赚钱，父母去过新疆、宁夏、青海等地，做过各类工作，但都比较辛苦，有时下班在晚上十点左右，有时中午难以及时吃到午饭。孩子看到父母手上的老茧，默默无语，努力读书，想考取大学，将来找到工作后报答父母。果然，有志者事竟成，孩子考取了很好的大学，目前已经娶妻生子，将父母接到了工作地，结束了父母的打工生涯。由于工作踏实，成为单位骨干，很受单位器重。

第三节　家庭对学生学习动机的影响差异

一、家庭偏好对学生学习动机的影响差异

家庭偏好对“雄心壮志”动机的影响。选择“我会在将来有所作为”代表雄心壮志动机因子做分析。数据表明，“运动型”家庭和雄心壮志动机之间没有相关关系，也就是说对雄心壮志不形成显著性差异影响，概率P值为0.209；“艺术型”家庭和雄心壮

志动机之间没有相关关系，也就是说对雄心壮志不形成显著性差异影响，概率P值为0.634；“国家大事型”家庭和雄心壮志动机之间没有相关关系，也就是说对雄心壮志动机形成没有显著性差异影响，概率P值为0.413；“理财型”家庭和雄心壮志动机之间没有相关关系，也就是说对雄心壮志不形成显著性差异影响，概率P值为0.092；“教育关爱型”家庭和雄心壮志动机之间没有相关关系，也就是说对雄心壮志形成具有显著性差异影响，概率P值为0.001，原因是家长经常谈论教育发展之事和教育对人发展的而影响，会潜移默化地影响孩子形成这是教育与读书的观念，会容易形成读书改变命运的价值观；“生活型”家庭和雄心壮志动机之间有相关关系，也就是说对雄心壮志对形成具有显著性差异影响，概率P值为0.042，原因是普通家庭中谈论主题若完全是生活琐事，会无法较好地影响孩子树立正确的读书观、求学观，不利于其健康发展。

表5-13　家庭偏好对“雄心壮志”型学习动机的影响

		样本数（人）	均值	标准差	标准误差	95%置信区间		最小值	最大值
						下限	上限		
家人喜欢健身运动	很不认同	3	4.0000	1.00000	0.57735	1.5159	6.4841	3.00	5.00
	认同	2	4.0000	1.41421	1.00000	−8.7062	16.7062	3.00	5.00
	一般	30	3.3667	0.99943	0.18247	2.9935	3.7399	2.00	5.00
	认同	101	3.3069	0.77127	0.07674	3.1547	3.4592	1.00	5.00
	很认同	164	3.5305	1.02976	0.08041	3.3717	3.6893	1.00	5.00
	总计	300	3.4467	0.95053	0.05488	3.3387	3.5547	1.00	5.00
家人喜欢音乐舞蹈或书法等艺术	很不认同	3	2.6667	0.57735	0.33333	1.2324	4.1009	2.00	3.00
	认同	2	3.0000	1.41421	1.00000	−9.7062	15.7062	2.00	4.00
	一般	30	3.2000	0.92476	0.16884	2.8547	3.5453	1.00	5.00
	认同	101	3.0000	0.66332	0.06600	2.8691	3.1309	1.00	5.00
	很认同	164	3.1402	1.03845	0.08109	2.9801	3.3004	1.00	5.00
	总计	300	3.0933	0.91327	0.05273	2.9896	3.1971	1.00	5.00
家人喜欢谈论政治社会文化等问题	很不认同	3	3.0000	1.00000	0.57735	0.5159	5.4841	2.00	4.00
	认同	2	4.5000	0.70711	0.50000	−1.8531	10.8531	4.00	5.00
	一般	30	3.2000	0.99655	0.18194	2.8279	3.5721	1.00	5.00
	认同	101	3.2277	0.77306	0.07692	3.0751	3.3803	2.00	5.00
	很认同	164	3.2561	1.00686	0.07862	3.1008	3.4113	1.00	5.00
	总计	300	3.2467	0.93205	0.05381	3.1408	3.3526	1.00	5.00

续表5-13

		样本数（人）	均值	标准差	标准误差	95%置信区间		最小值	最大值
						下限	上限		
家人谈论钱财收入	很不认同	3	4.3333	1.15470	0.66667	1.4649	7.2018	3.00	5.00
	认同	2	4.0000	1.41421	1.00000	−8.7062	16.7062	3.00	5.00
	一般	30	3.3000	1.08755	0.19856	2.8939	3.7061	1.00	5.00
	认同	101	3.1782	0.68405	0.06807	3.0432	3.3133	2.00	5.00
	很认同	164	3.3476	0.91070	0.07111	3.2071	3.4880	1.00	5.00
	总计	300	3.3000	0.87132	0.05031	3.2010	3.3990	1.00	5.00
家人谈论教育和学生成绩问题	很不认同	3	4.0000	1.00000	0.57735	1.5159	6.4841	3.00	5.00
	认同	2	2.5000	0.70711	0.50000	−3.8531	8.8531	2.00	3.00
	一般	30	3.9333	0.94443	0.17243	3.5807	4.2860	2.00	5.00
	认同	101	3.9505	0.72631	0.07227	3.8071	4.0939	1.00	5.00
	很认同	164	4.2500	0.80926	0.06319	4.1252	4.3748	1.00	5.00
	总计	300	4.1033	0.81744	0.04720	4.0105	4.1962	1.00	5.00
家人多谈论一些生活琐事	很不认同	3	3.3333	1.52753	0.88192	−0.4612	7.1279	2.00	5.00
	认同	2	3.5000	2.12132	1.50000	−15.5593	22.5593	2.00	5.00
	一般	30	3.7000	1.08755	0.19856	3.2939	4.1061	1.00	5.00
	认同	101	3.3465	0.84185	0.08377	3.1803	3.5127	1.00	5.00
	很认同	164	3.7195	0.98796	0.07715	3.5672	3.8718	1.00	5.00
	总计	300	3.5867	0.97244	0.05614	3.4762	3.6972	1.00	5.00

二、家庭关系对学习动机的影响差异

家庭成员之间的关系对高中生学习动机有影响。本研究选择“我会利用一切机会和事件学习”代表“积极性动机”，应用方差分析法，在此探究不同家庭关系特征形成的学习动机差异。数据表明，“和睦型”家庭和雄心壮志动机之间有相关关系，也就是说会对雄心壮志形成具有显著性差异影响，概率P值为0；“吵闹型”家庭和“积极动机”之间有相关关系，也就是说对积极学习的动机会形成显著性差异影响，概率P值小于0.05；“基本和谐”家庭和“积极动机”动机之间没有相关关系，也就是说即使家庭之间偶尔发生吵闹，也不会影响孩子积极学习；“隔阂型”家庭和“积极动机”之间具有相关关系，也就是说会形成显著性差异影响，概率P值小于0.05。

表5-14　家庭成员关系特征对高中生“积极学习”动机的影响

多重比较检验							
最小显著性差异法							
因变量	(I) 我会利用一切机会和时间学习	(J) 我会利用一切机会和时间学习	均值差(I-J)	标准差	显著性	95% 置信区间	
						下限	上限
家人之间和和睦睦欢欢乐乐	很不认同	不认同	-0.62857	0.47945	0.191	-1.5722	0.3150
		一般	-1.29659*	0.43697	0.003	-2.1566	-0.4366
		认同	-1.43944*	0.44581	0.001	-2.3168	-0.5621
		很认同	-1.49630*	0.46910	0.002	-2.4195	-0.5731
	不认同	很不认同	0.62857	0.47945	0.191	-0.3150	1.5722
		一般	-0.66802*	0.22244	0.003	-1.1058	-0.2302
		认同	-0.81087*	0.23934	0.001	-1.2819	-0.3398
		很认同	-0.86772*	0.28034	0.002	-1.4194	-0.3160
	一般	很不认同	1.29659*	0.43697	0.003	0.4366	2.1566
		不认同	0.66802*	0.22244	0.003	0.2302	1.1058
		认同	-0.14285	0.13546	0.293	-0.4094	0.1237
		很认同	-0.19971	0.19914	0.317	-0.5916	0.1922
	认同	很不认同	1.43944*	0.44581	0.001	0.5621	2.3168
		不认同	0.81087*	0.23934	0.001	0.3398	1.2819
		一般	0.14285	0.13546	0.293	-0.1237	0.4094
		很认同	-0.05686	0.21785	0.794	-0.4856	0.3719
	很认同	很不认同	1.49630*	0.46910	0.002	0.5731	2.4195
		不认同	0.86772*	0.28034	0.002	0.3160	1.4194
		一般	0.19971	0.19914	0.317	-0.1922	0.5916
		认同	0.05686	0.21785	0.794	-0.3719	0.4856
家人之间经常吵架闹矛盾	很不认同	不认同	0.77143	0.51640	0.136	-0.2449	1.7877
		一般	0.91591	0.47065	0.053	-0.0103	1.8422
		认同	1.04507*	0.48017	0.030	0.1001	1.9901
		很认同	0.75556	0.50525	0.136	-0.2388	1.7499
	不认同	很不认同	-0.77143	0.51640	0.136	-1.7877	0.2449
		一般	0.14448	0.23959	0.547	-0.3270	0.6160
		认同	0.27364	0.25778	0.289	-0.2337	0.7810
		很认同	-0.01587	0.30194	0.958	-0.6101	0.5784
	一般	很不认同	-0.91591	0.47065	0.053	-1.8422	0.0103
		不认同	-0.14448	0.23959	0.547	-0.6160	0.3270
		认同	0.12916	0.14590	0.377	-0.1580	0.4163
		很认同	-0.16035	0.21449	0.455	-0.5825	0.2618
	认同	很不认同	-1.04507*	0.48017	0.030	-1.9901	-0.1001
		不认同	-0.27364	0.25778	0.289	-0.7810	0.2337

续表5-14

多重比较检验							
最小显著性差异法							
因变量	(I) 我会利用一切机会和时间学习	(J) 我会利用一切机会和时间学习	均值差(I-J)	标准差	显著性	95%置信区间	
						下限	上限
		一般	−0.12916	0.14590	0.377	−0.4163	0.1580
		很认同	−0.28951	0.23464	0.218	−0.7513	0.1723
	很认同	很不认同	−0.75556	0.50525	0.136	−1.7499	0.2388
		不认同	0.01587	0.30194	0.958	−0.5784	0.6101
		一般	0.16035	0.21449	0.455	−0.2618	0.5825
		认同	0.28951	0.23464	0.218	−0.1723	0.7513
家人之间有时争吵	很不认同	不认同	0.64762	0.45974	0.160	−0.2572	1.5524
		一般	0.46932	0.41900	0.264	−0.3553	1.2939
		认同	0.58592	0.42747	0.172	−0.2554	1.4272
		很认同	0.71111	0.44981	0.115	−0.1741	1.5963
	不认同	很不认同	−0.64762	0.45974	0.160	−1.5524	0.2572
		一般	−0.17830	0.21330	0.404	−0.5981	0.2415
		认同	−0.06170	0.22949	0.788	−0.5134	0.3899
		很认同	0.06349	0.26881	0.813	−0.4655	0.5925
	一般	很不认同	−0.46932	0.41900	0.264	−1.2939	0.3553
		不认同	0.17830	0.21330	0.404	−0.2415	0.5981
		认同	0.11660	0.12989	0.370	−0.1390	0.3722
		很认同	0.24179	0.19095	0.206	−0.1340	0.6176
	认同	很不认同	−0.58592	0.42747	0.172	−1.4272	0.2554
		不认同	0.06170	0.22949	0.788	−0.3899	0.5134
		一般	−0.11660	0.12989	0.370	−0.3722	0.1390
		很认同	0.12520	0.20889	0.549	−0.2859	0.5363
	很认同	很不认同	−0.71111	0.44981	0.115	−1.5963	0.1741
		不认同	−0.06349	0.26881	0.813	−0.5925	0.4655
		一般	−0.24179	0.19095	0.206	−0.6176	0.1340
		认同	−0.12520	0.20889	0.549	−0.5363	0.2859
家人之间联系很少	很不认同	不认同	0.65714	0.49111	0.182	−0.3094	1.6237
		一般	0.80000	0.44759	0.075	−0.0809	1.6809
		认同	0.95493*	0.45664	0.037	0.0562	1.8536
		很认同	0.57778	0.48050	0.230	−0.3679	1.5234
	不认同	很不认同	−0.65714	0.49111	0.182	−1.6237	0.3094
		一般	0.14286	0.22785	0.531	−0.3056	0.5913
		认同	0.29779	0.24515	0.225	−0.1847	0.7803
		很认同	−0.07937	0.28715	0.782	−0.6445	0.4858

续表 5-14

多重比较检验							
最小显著性差异法							
因变量	(I)我会利用一切机会和时间学习	(J)我会利用一切机会和时间学习	均值差(I-J)	标准差	显著性	95%置信区间	
						下限	上限
	一般	很不认同	-0.80000	0.44759	0.075	-1.6809	0.0809
		不认同	-0.14286	0.22785	0.531	-0.5913	0.3056
		认同	0.15493	0.13875	0.265	-0.1181	0.4280
		很认同	-0.22222	0.20398	0.277	-0.6237	0.1792
	认同	很不认同	-0.95493*	0.45664	0.037	-1.8536	-0.0562
		不认同	-0.29779	0.24515	0.225	-0.7803	0.1847
		一般	-0.15493	0.13875	0.265	-0.4280	0.1181
		很认同	-0.37715	0.22314	0.092	-0.8163	0.0620
	很认同	很不认同	-0.57778	0.48050	0.230	-1.5234	0.3679
		不认同	0.07937	0.28715	0.782	-0.4858	0.6445
		一般	0.22222	0.20398	0.277	-0.1792	0.6237
		认同	0.37715	0.22314	0.092	-0.0620	0.8163
*. 平均差异在0.05水平有显著性意义。							

三、家人职业对学习动机的影响差异

家庭职业间的关系对高中生学习动机有影响。本研究选择“我觉得考不上好大学对自己非常不利”代表“意义认知动机”，应用方差分析法，在此探究不同家庭关系特征形成的学习动机差异。数据表明，不同阶层、职业身份地位的家庭与“意义认知动机”之间不存在相关关系，也就是说不会对上大学重要性认知形成显著性差异影响，概率P值分别为0.225（农民家庭）、0.175（商业经营者家庭）、0.869（知识分子家庭）、0.233（领导干部家庭）、0.327（一般职员家庭），无论是谁，都对高考的重要性有清醒认知。

表5-15　家庭社会地位与“意义认知”动机差异

我觉得考不上好大学对自己非常不利		家人是农民为赚钱到处劳动奔波	家人是商业经营者有可观的工资收入	家人文化程度较高是知识分子	家人是领导干部	家人有稳定工资收入但不是很多
很不认同	均值	3.6667	2.2500	2.1667	1.7500	3.1667
	样本数(人)	12	12	12	12	12
	标准差	1.07309	1.21543	0.93744	0.86603	1.11464

续表 5-15

我觉得考不上好大学对自己非常不利		家人是农民为赚钱到处劳动奔波	家人是商业经营者有可观的工资收入	家人文化程度较高是知识分子	家人是领导干部	家人有稳定工资收入但不是很多
认同	均值	4.0556	2.5556	2.1667	1.6667	2.2778
	样本数(人)	18	18	18	18	18
	标准差	1.05564	0.92178	0.78591	0.59409	1.17851
一般	均值	3.7843	2.7059	2.3725	2.0196	2.8039
	样本数(人)	51	51	51	51	51
	标准差	1.06421	0.98578	1.07630	1.04862	1.21687
认同	均值	3.6719	2.8437	2.3828	1.8594	2.7109
	样本数(人)	128	128	128	128	128
	标准差	1.07300	0.94275	0.94844	0.87605	1.11646
很认同	均值	4.0000	2.5824	2.4066	1.6703	2.6593
	样本数(人)	91	91	91	91	91
	标准差	1.21106	1.07565	1.21086	0.95516	1.26684
Total	均值	3.8133	2.7000	2.3667	1.8133	2.7033
	样本数(人)	300	300	300	300	300
	标准差	1.11773	1.00667	1.04364	0.92086	1.18603

表 5-16　家庭社会地位与“意义认知”动机差异

		样本数(人)	均值	标准差	标准误差	95% 置信区间均值		最小值	最大值
						下限	上限		
家人是农民,为赚钱到处劳动奔波	很不认同	12	3.6667	1.07309	0.30977	2.9849	4.3485	1.00	5.00
	认同	18	4.0556	1.05564	0.24882	3.5306	4.5805	2.00	5.00
	一般	51	3.7843	1.06421	0.14902	3.4850	4.0836	1.00	5.00
	认同	128	3.6719	1.07300	0.09484	3.4842	3.8595	1.00	5.00
	很认同	91	4.0000	1.21106	0.12695	3.7478	4.2522	1.00	5.00
	总计	300	3.8133	1.11773	0.06453	3.6863	3.9403	1.00	5.00
家人有可观的工资收入	很不认同	12	2.2500	1.21543	0.35086	1.4778	3.0222	1.00	5.00
	认同	18	2.5556	0.92178	0.21726	2.0972	3.0139	1.00	4.00
	一般	51	2.7059	0.98578	0.13804	2.4286	2.9831	1.00	5.00
	认同	128	2.8438	0.94275	0.08333	2.6789	3.0086	1.00	5.00
	很认同	91	2.5824	1.07565	0.11276	2.3584	2.8064	1.00	5.00
	总计	300	2.7000	1.00667	0.05812	2.5856	2.8144	1.00	5.00

续表 5-16

		样本数（人）	均值	标准差	标准误差	95% 置信区间均值		最小值	最大值
						下限	上限		
家人文化程度较高，是知识分子	很不认同	12	2.1667	0.93744	0.27061	1.5710	2.7623	1.00	4.00
	认同	18	2.1667	0.78591	0.18524	1.7758	2.5575	1.00	4.00
	一般	51	2.3725	1.07630	0.15071	2.0698	2.6753	1.00	5.00
	认同	128	2.3828	0.94844	0.08383	2.2169	2.5487	1.00	5.00
	很认同	91	2.4066	1.21086	0.12693	2.1544	2.6588	1.00	5.00
	总计	300	2.3667	1.04364	0.06025	2.2481	2.4852	1.00	5.00
家人是领导干部	很不认同	12	1.7500	0.86603	0.25000	1.1998	2.3002	1.00	3.00
	认同	18	1.6667	0.59409	0.14003	1.3712	1.9621	1.00	3.00
	一般	51	2.0196	1.04862	0.14684	1.7247	2.3145	1.00	5.00
	认同	128	1.8594	0.87605	0.07743	1.7061	2.0126	1.00	5.00
	很认同	91	1.6703	0.95516	0.10013	1.4714	1.8693	1.00	5.00
	总计	300	1.8133	0.92086	0.05317	1.7087	1.9180	1.00	5.00
家人有稳定工资收入，但不是很多	很不认同	12	3.1667	1.11464	0.32177	2.4585	3.8749	1.00	5.00
	认同	18	2.2778	1.17851	0.27778	1.6917	2.8638	1.00	5.00
	一般	51	2.8039	1.21687	0.17040	2.4617	3.1462	1.00	5.00
	认同	128	2.7109	1.11646	0.09868	2.5157	2.9062	1.00	5.00
	很认同	91	2.6593	1.26684	0.13280	2.3955	2.9232	1.00	5.00
	总计	300	2.7033	1.18603	0.06848	2.5686	2.8381	1.00	5.00

综上所述，家庭是社会最基本的细胞，对高中生发展的影响巨大。作为家长，要及时学习教育知识，关注学生发展状况，及时和学校沟通，了解存在的问题配合学校开展教育教学。同时，尽量在家庭中营造和谐愉悦的环境，形成良好的家教家风，使孩子在家庭中感受到关爱和温暖，受到家长正确价值观的熏陶，从而“近朱者赤”，形成良好的性格、品质，在学业方面有所进步。

第六章 课堂教学与高中生健康发展
——以思想政治课为例

高中阶段，思想政治课不但是文科学生高考必考课程，也在学生树立准确人生观、世界观、价值观过程中具有重要作用。新时期，党和国家对思想政治工作高度重视，习近平总书记先后主持召开全国高校思想政治工作会议、全国教育大会、学校思政课教师座谈会议，要求学校要上好思想政治课，为国家培养合格接班人。本研究基于时代需要和现实特征，基于多元视角，探讨了高中思想政治课的突出问题，并有针对性地提出对策建议，为实践提供借鉴。

第一节　思想政治课课堂教学的条件与经验

一、条件分析

1.优势分析

一是国家重视优势。新时期以来，党和国家对思想政治教育给予了高度关注，如习近平总书记出席学校思想政治理论课教师座谈会并讲话，做出了具体指示，指明了实践方向；中共中央颁布了《关于进一步加强和改进新形势下高校宣传思想工作的意见》等文件，教育部也出台了《普通高等学校思想政治理论课教师队伍培养规划（2019—2023 年）》等文件，强化了可操作性。在领导人讲话与文件出台后，国家开始更加重视马克思主义学院建设、高校辅导员队伍建设、思想政治课建设，经费保障、政策制定、制度完善方面的支持力度加大，这为开展思想政治工作提供了条件和保障。

二是信息技术支持优势。经济发展、居民收入提高、信息技术不断革新、手机普及率提高，使高中生信息来源趋于多样，信息内容趋于丰富，获取信息渠道增多。

QQ 、微信、微视频等微媒体的快速发展，有助于开展课程资料检索，有助于师生互动高效快捷，有助于使一些学生的敏感隐私话题得到私下交流，也有助于使课程方式得到创新。

2.劣势分析

一是考试制度劣势。在高考课程中，只有文科生才参加思想政治课考试，并且所占比例无法和语文、数学等科目相比，与历史、地理合并为一张试卷。一些学校虽然建立了“心理咨询室”，但实际工作并没有开展，有名无实。这无形之中降低了课程的重要性，不利于学校和学生增强重视度。并且，高中生面临的最大问题是升学问题，成绩问题比思维问题、人格形成问题、交际问题、情绪控制等问题重要迫切，很多人关注的是如何考取好成绩，这导致学生们潜在的问题处于“蛰伏”状态，在升入大学或工作以后才会凸显，但那时往往为时已晚。有研究统计结果表明，高中学生中存在不同程度心理健康问题的比率高达19%，也就是说五位同学之中就有一位需要加以关注，但事实上学校、家庭与同学给予的关注度很小，这些问题无法得到很好解决。

二是师资结构劣势。目前很多学校配置的思想政治课教师多是授课教师，很少有心理咨询方面的教师。有的教师比较年轻，没有多少社会阅历与经验，无法很好地为学生提供指导；有的教师只关心讲授理论与训练学生答题，对学生其他发展问题关心不够；有的教师理论水平不高，对社会现象的认识不深刻，制约了对学生的引导和提升。

三是社会发展中的不良现象与有害信息过多劣势。社会变革中出现了许多社会文化与经济问题，使手身心与思想尚不成熟的高中生无法做出准确判断；信息泛滥中一些不良信息也得到传播，不利于高中生选择吸收，有的因此受到巨大的负面影响；碎片化信息的展示，不利于学生利用网路开展系统化学习。

四是学生特殊年龄劣势。高中生大多是十几岁的孩子，虽然接近成年，但尚未成年，可以说是处于从少年想青年初期过渡阶段，有人形象称之为“心理断乳期阶段”，容易出现各类心理问题、思想问题、认识问题与不良行为问题。这些因素与特征不利于教师开展思想政治教育。

二、典型模式及经验总结

1.国外模式及经验

美国的“政治制度优势宣扬+价值观教育”模式及经验：美国在高中与大学内比较重视开展国家制度教育，主要内容与工作是宣扬美国宪法精神、《独立宣言》的思想观念与美国制度优势（包括产权制度、三权分立政治制度等），灌输主流价值观，这强化了美国人对西方民主、自由与人权等价值观念的认同。这种做法值得国内借鉴，以使国人了解我国制度优势，形成道路自信、文化自信与制度自信，进一步形成中华民族凝聚力与国家认同感。

新加坡“课外活动”模式及经验：新加坡的做法是利用课外活动开展思想政治教育，要求学校必须安排和组织学生走出去，到监狱、医院、法院等地开展活动，以弥补课堂和教材的不足。他们的这些做法效果不错，扩大了学生视野，起到了矫正、教育的作用。

日本“团队意识+特别教育”模式及经验：日本的思想政治教育措施很多，其中团队意识和特别教育比较有特色。团队意识方面，教育者要求学生具有集体主义精神，经常组织团队活动，力求形成团结一致、团队合作精神；特别教育方面，国家成立了青少年问题审议会、青少年工作推进会等机构，每年7月为青少年不良行为强调月，举办系列活动，帮助高中生形成国民意识与提高思想道德素质。鉴于我国青少年中突出的合作意识不足等现象，日本的这些做法值得我国借鉴。

2. 国内模式及经验

清华大学“研究中心+高端论坛”模式及经验：清华大学作为国内一流高校，对思想政治教育比较关注。他们的做法有二，一是成立高级别研究机构，如“社会主义核心价值观协同创新中心”“教育部人文社科百所重点研究基地清华大学高校德育研究中心”，以机构为龙头，开展相关研究；二是举办高级别的全国思想政治教育高端论坛，吸引了各地学者，形成了品牌效应。这些理论研究为国内开展思想政治教育提供了较好的思想与做法指导。

兰州“研学旅游+思想教育”模式及经验：在国家提出要大力研学旅行的背景下，甘肃省兰州市率先启动相关项目，走在了国内高中前列。2018年6月，兰州五十四中组织550名师生，搭乘国内首列“研学旅行专列”，前去河西走廊开展研学旅游。此后，兰州市很多学校加大力度，有的学生走出了国门，活动取得了很多成果。这些研学项目要求学生不但要到景区与爱国主义教育基地参观学习，还要在回来后开展课堂交流、思想汇报，起到了很好的教育作用，也给后续学校提供了很好的借鉴。

青海“研究中心+教育基地”模式经验：青海大学在思想政治教育中坚持因地制宜原则，独辟蹊径。他们在青海女子监狱挂牌成立“青海大学青海省情研究中心思想政治教育与社会服务基地”，在监狱内开展了宣誓、社会主义核心价值观宣讲等政治改造教育，帮助服刑人员在思想上取得了一定进步。青海模式体现出了很强的特色性、实效性，这对其他地方有很好的启示。

第二节 优化思想政治课课堂教学绩效的对策建议

一、做好“二融”

1.将传统文化融入课堂教学

所谓传统文化，指的是中华各民族在漫长的历史时期创造的各类物质和非物质文化的总体。传统文化有如下特点：一是悠久博大。从传说的炎黄开始到目前，可谓上下几千年，文化极其深厚，思想观点层出不穷，是世界珍贵文化遗产，尤其是无论自然灾害还是战争动乱，都没有发生明显的断层，而是世代延续，不断增加新内容。二是鲜明的民族性。尽管各个民族有不同的生活方式、宗教信仰，但整体来看，中华传统文化与外国文化截然不同，在价值取向、体系结构上独具特色。三是既有精华也有糟粕。由于受到自然环境、历史传统的制约，中华民族长期处于农业社会，这使得中国传统文化的形成带有鲜明个体农业经济基础的烙印，其中与农业社会相适应而生的宗法家庭文化、儒家伦理道德比较突出，这些文化既有很强的教化教育价值，也会带来一些负面影响，需要当代人加以合理利用与区别对待。高中生思想政治课需要将传统文化加以利用，原因有三：一是文化传承需要。现代化、全球化与市场经济发展过程中，西方文化进入我国，给我国传统文化带来很大影响，有些优秀遗产遭到破坏，有的发生流失，有的区域濒危，因此保护遗产成为全社会的共识，国家也对此高度重视，习近平总书记明确指示要将中华优秀传统文化融入教育教学工作，2016年国家发布《关于实施中华优秀传统文化传承发展工程的意见》，要求教育在其中发挥重要作用。因此，传统文化进入思想政治课堂是国家要求。二是提升高中生认识水平需要。一方面，传统文化中有很多优秀思想，对高中生为人处世有指导作用；另一方面，对其中的糟粕部分加以批判有助于增强高中生的认知水平。三是提升课堂教学效果需要。常见的思想政治课多为灌输理论，和历史与传统文化之间的联系较少，学生感到无聊、无趣，如果将传统文化融入思想政治课程，课堂内容就会得到丰富，学生兴趣会提高。实际工作中，教师要做好如下几点：一是要巧妙结合。不可毫无联系地直接插入，不可机械搬入，而是要和教材内容交织在一起。例如在讲授《政治生活》中的中国共产党的优势与伟大时，可以将古今中外的相关文化做展示比较。关于近代以来的外国侵略，传统文化讲究的是“人不犯我我不犯人，人若犯我我必犯人”，但清政府的态度是软弱妥协，共产党则绝不软弱，毛泽东明确提出“一切反动派都是纸老虎”，气势和气度令人佩服。共产党伟大可见一斑。讲到中国共产党的和平外交政策时，要利用“和为贵”思想加以深化，中华民族历来就珍惜和平，尤其是近代的苦难使我们对和平有更为深刻的理解；也可以将西方发展中出现的战争图像加以播放，使学生有具体感知与认知。二是注意方式。有些教师虽然也使用传统文化的部分内容，但多侧重“老故事”，多是基于教训口气，或者是“心灵鸡汤”式的灌输，不妨找到新视角加以利用。如可以利用繁体字形式在多媒体上展示，学生会感到新奇。三是内容适度增加。不局限于零零碎碎，不做零敲碎打，不“寻章摘句”，最好做系统性的整理与展示，加大信息量，以加深学生的理解。

2.将社会热点融入课堂教学

所谓社会热点，指的是一定历史时期与空间范围内发生的，引发人们关注和讨论的社会现象。社会热点的特点有三：一是较为复杂与多样广泛。类别上有生态型、政治型、文化型、道德型、经济型、国际交往型等，原因也是多种多样，后果各不相同；二是在一定时间和空间范围。某一个阶段的社会热点，过了这个时期就不会再受到关注，会出现新的现象和问题替代；社会热点问题发生在某个具体的地理空间。三是尖锐性与敏感性。一般涉及利益问题的，有时候会导致激烈冲突的发生。将社会热点问题纳入课堂教学，是高中思想政治课开展的必然选择，原因是：一是高考试卷往往涉及近年发生的重大社会事件，要求学生发现基本特点、趋势，分析基本规律和内在因素，因此学生不得不做提前了解，否则会吃亏；二是社会热点问题往往在教材中没有涉及，因为教材编写时间一般早于热点发生时间，学生对此无法获得理论分析方面的指导和支持，需要教师在课堂上加以弥补；三是有助于学生应用理论分析现实问题，提高学生能力，开阔学生视野，让他们对新鲜问题形成自己的看法。但目前存在的问题却很多，一是对社会热点问题研究不够，二是在课程中的融入度不好，三是网络上虽然有大量信息，但缺少科学理论指导，学生难以鉴别和分析。在这样的背景下，教师需要做如下几点：一是及时搜集整理社会热点现象的新闻报道。每天浏览网页，收看电视，下载相关文件，形成信息库；可以委派专人负责，也可以教师集体工作，还可以教师与学生共同搜集。这样的好处是可以避免“临时抱佛脚”，全面性与系统性较强，学生参与性较好，记忆比较深刻。二是展示方式要吸引学生注意力。由于长期学习，学生有疲劳心理，这时如果换种展示方式，会有效克服疲劳心理，激发学生学习兴趣。教师可以打印出热点目录，重点字段用不同颜色或字体标注；使用多美课件，将相关新闻报道展示出来，以动态方式替代单纯的文字介绍。三是适度增加本地事件。单纯将国家大事穿插于课题，学生也会感到厌烦，但如果在适当时机加点本地新闻或事件，学生会感到非常亲切，兴趣会极大提高。如在《文化的继承与发展》一课的讲授中，就可以在用其他地区材料的同时，应用本地文化遗产保护案例。事实上，古浪县就有这样的遗产保护工作：古浪童谣流传广泛，活泼有趣，但面临消失的危险，因此本地政府将其作为非遗加以保护，2010年被列为“甘肃省第三批非物质文化遗产保护项目”；古浪籍知名作家赵燕翼有过作品涉及古浪童谣；古浪县作家协会主办刊物《古浪文苑》刊载过多篇相关作品。教师此时如果播放出新闻视频，带来相关档案，教学生现场演唱，再加以分析，效果就会非常理想。四是一定要模拟高考模式，引用理论加以分析，给学生做辅导。很多教师往往止步于资料与信息披露，然后由学生自己琢磨，其实学生无法把握，这样就失去了原有的意义。教师一定要选择有典型性的若干个案，精心讲解，给学生加以示范，提高学生的辩证思维能力、灵活运用知识能力、分析问题能力，变“授之以鱼”为“授之以渔”，学生自然会举一反三，潜能得到激发，成绩得到提高，素质得到提升。五是坚持准确导向。有一些热点新闻比较敏感，学生会有不同看法，或者难以准确认识，这时教师需要给予理性分析，讲清楚信息背后的问题实质，使学生增强是非明辨力。六是邀请专家做深入分析。高中教师一般忙于具体教学管理任务，对社会热点现象的分析缺少理论支持，视野不够开阔，这时可以利用外部资源，邀请本地大学与研究机构内的专家学者前来，开展《当前热点问题分析》之类的专题报告，使学生对国际国内大事的了解、掌握更加深入，满足学生的实际需求与考试需要。

二、强化“三化”

1.课程理论故事化

马克思主义经济学、哲学中的一些理论比较抽象，不利于高中生理解掌握。但现实中，很多教师偏重其理论的科学性、系统性，不顾及学生的接受能力。一些有经验的教师往往在讲授理论的同时，举实例分析，效果很好。如“社会资本再生产”理论问题是重点，也是难点，高中生理解起来很有难度，但教育部高校思政课教学指导委员会专家张雷声教授对“马克思主义基本原理概论”课的讲授就采取了举例讲授模式，围绕“资本的循环、周转与再生产”过程，用最朴实的语言讲了几个故事，使原本晦涩难懂的理论变得生动浅显。还有“经济基础决定上层建筑，上层建筑又反过来作用于经济基础”，对成人和接受过系统哲学思维训练的人很好理解，但高中生不明白其中的深刻道理，只有死记硬背，对后续学习形成畏难情绪，教师如果以“战争中的后勤与经济实力决定成败”为例加以分析，学生立刻会掌握原理。总之，需要用具象化的故事将理论内容加以表述，克服抽象理论概念化、程式化的授课模式，让理论有趣起来。

2.课程知识交叉化

由于面对高考压力与评价，加之思想政治课涉及哲学、经济学，教师往往侧重教材中的相关知识，对教材外的其他学科知识涉及较少，这不利于学生核心素养的提升。

其实，学科理论之间可以互相贯通，教师如果借鉴与使用其他学科理论与方法，课堂内容会“饱满”起来。具体方法如下：

一是用其他学科理论分析问题。如伴随户籍制度的改革，开发开放的深入，中国成千上万的农民到城市打工，促进了城市发展，也得到了自身进步。教师在课堂上除了使用基本的数据之外，完全可以使用社会学、经济学、政治学理论做分析。社会学理论视角下，可以使用的典型理论有：“推拉模型”，推力因素包括现存的贫困落后、乡村生产力提高后农民闲暇时间的增多等，拉力要素包括发达的城市经济、高收入、城市繁华等；“社会资本理论”，农民工在就业过程中依靠原来的亲戚、朋友关系，在城市找到工作岗位，就业以后由于这种特殊的关系网络，社交圈子有局限，无法很好地融入城市社会，形成在城市社区的“二元结构序格局”。经济学视角下，可以使用的理论有：“预期理论”，农民到城市就业的动力不是现实的高收入，而是潜在的就业机会与高收入；“人力资本理论”，由于农民工受到的教育和培训较少，文化素质较低，就业竞争力较低，就业岗位多局限于建筑、运输、餐饮等体力型行业，很难在文化、金融、教育等行业就业，未来需要提高文化教育水平，通过人力资本素质的提高来优化就业质量。

二是用外语与古汉语加以表达。如讲到《政治生活》中有关于“我国公民享有宗教信仰自由的权利”的论述，涉及很多宗教知识、宗教政策，教师可以罗列出来，加上外语翻译，会激发学生的“无意注意”，既学了外语单词，扩大了词汇量，又掌握了相关知识。具体模式如有三：一是词汇展示模式。例如，佛教（包括藏传佛教、大乘佛教和小乘佛教等）、道教、基督教（罗马天主教、东正教、新教）、伊斯兰教（逊尼派、什叶派）、犹太教、印度教，翻译为：Buddhism（including Tibetan Buddhism, Mahayana Buddhism, Mahayana Buddhism, etc.）, Taoism, Christianity（Roman Catholic, Orthodox, Protestant）, Islam（Sunnis, Shiites）, Judaism, Hinduism；寺院、道观、佛塔、清真寺，翻译为：Temples, Taoist temples, Pagodas, Mosques；巫术、图腾、迷信、咒语，翻译为：Wicca, Totem, Superstition, Spells；和尚、道士、尼姑、喇嘛、居士，翻译为：Monks, Priests, Nuns, Lamas, Laymen；《中国的宗教信仰自由状况白皮书》，翻译为：White Paper on Freedom of Religious Belief in China；《党的民族宗教政策常识》，翻译为：Common Knowledge on The Party's Nationality and Religion；《宗教事务条例》，翻译为：Religious Affairs Ordinance；宗教事务管理局局长，翻译为：Chief of The Bureau for Denominational Affairs。二是句子展示模式。例如，“《中国保障宗教信仰自由的政策和实践》白皮书新闻发布会在京举行”，可以翻译为：White Paper Press Conference of Chinese Policies and Practices for Safeguarding Freedom of Religious Belief is Held in Beijing；“中国的宗教信仰自由政策符合国情”，翻译为：Chinese policy on freedom of religious belief is in line with national conditions；“马克

思主义认为，宗教是一种虚幻的、颠倒的世界观"，翻译为：Marxism holds that religion is an illusory and inverted worldview；"宗教是特定历史时期的产物，在历史上曾经具有一定的积极意义"，翻译为：Religion is a product of a specific historical period and has a certain positive significance in history；"中国共产党员不信教"，翻译为：Chinese Communists are not religious。三是段落展示模式。例如，"习近平强调，要精心做好宗教工作，积极引导宗教与社会主义社会相适应，发挥好宗教界人士和信教群众在促进经济社会发展中的积极作用。处理宗教问题的基本原则，就是保护合法、制止非法、遏制极端、抵御渗透、打击犯罪。要依法保障信教群众正常宗教需求，尊重信教群众的习俗，稳步拓宽信教群众正确掌握宗教常识的合法渠道"，翻译为：Xi stressed that we should do a good job in religious work， actively guide religions to adapt to socialist society， and make the religious figures and believers to play a positive role in promoting economic and social development. The basic principles for dealing with religious issues are to protect legality， stop illegality， curb extremism， resist infiltration and combat crime. It is necessary to guarantee the normal religious needs of believers in accordance with the law， respect the customs of believers， and steadily broaden the legal channels through which believers can correctly grasp the common knowledge of religion。"习近平强调，民族工作、宗教工作都是全局性工作。去年召开的中央民族工作会议，明确了当前和今后一个时期民族工作的大政方针和战略任务，各级党委要抓好会议精神贯彻落实，促进各民族和睦相处、和衷共济、和谐发展。宗教工作本质上是群众工作，要全面贯彻党的宗教信仰自由政策，依法管理宗教事务，坚持独立自主自办原则，积极引导宗教与社会主义社会相适应"，翻译为：Xi stressed that ethnic and religious work is an overall task. The Central Ethnic Working Conference held last year clearly defined the major policies and strategic tasks for ethnic work at present and in the coming period. Party committees at all levels should fully implement the spirit of the Conference and promote harmony， unity and harmonious development among all ethnic groups. Religious work is essentially mass work. We must fully implement the Party's policy of freedom of religious belief， manage religious affairs according to law， adhere to the principle of independence and self－management， and actively guide religion to adapt to socialist society。

3.课程内容生活化

一些学校中，尽管思想政治教育课教学探索实验与研究实践成效显著，课程考试成绩也有提高，但一些教师缺少对学生主体对象的关注，侧重"填鸭式""灌输式"教学，讲大道理，使课程模式化、程序化、呆板化，由于没有生活味、人情味，学生难以形成较强烈的共鸣，思想上的教育效果不是特别显著，形成了鲜明的"二元特征"——考试成绩勉勉强强，思想觉悟提高不大。规避这一尴尬局面的对策，莫过于使课程内容和学生生活发生关联相结合，针对学生实际需要讲授课程。不可脱离实际与学生生活实践。具体模式有二：一是解决学生不良行为与问题模式。高中阶段的学生面临各种各样的问题，情感的、生活的、学业的、人际交往的，教师可以根据课后了解的情况，对学生存在的实际生活问题加以分析，给出解决问题的建议。“不听老人言，必定受饥寒”，这是古浪民间俗语，意思是要善于倾听过来人的金玉良言与苦口箴言，否则一味固执会使自己遭受不必要的挫折。教师也可以侧面迂回解决问题，不对学生说“你应该做什么，不该做什么”之类的话语，而是循循善诱，利用自己的学识优势、年龄优势、阅历优势，讲述自己与他人的人生经历，使学生自己去领悟，化解心中的困惑与不解，引导接受主体改变不正确的观点，形成正确的人生观、世界观与价值观。学生会觉得思想政治课和自己的生活、命运与发展前途有很大关系，会改变原来的政治课与自己不相关的错误念头，更加关注课程内容，这样不但改善了师生关系，也在无形之中提高了教学成绩。二是分析学生熟悉的社会问题模式。身边的事情往往会引发的关注，因此教师可将古浪县发生的大事引入课堂，对学生进行教育，必要的时候引导学生参与发言，进行评论与讨论。如山区移民现象中的老宅子破坏问题、古浪长城保护问题、古树名木保护问题、祁连山生态环境保护问题、乡村农家乐旅游问题。这些现象学生本身有所感知，也感兴趣，因此在课堂中作为素材应用时，可以提高课堂吸引力，有助于学生开展沟通，也会使思想政治课不再“高高在上”“高冷”“乏味”，而是既“高大上”又“接地气”。三是使用学生经常使用的语言。例如，教师可以用本地发言增加趣味性，用“蛮拼的”“给力”等网络词语表达观点，学生会倍感亲切。

三、突出“三性”

1.创新性

一是教学工具创新。不但可以利用传统的黑板，还可以利用现代网络。课堂上能否使用手机，需要看学校制度规定。本研究主张，教师可布置课下作业，要求学生上网浏览网页，检索相关文献、信息，与教师开展互动，然后教师在课堂上展示可用内容，同时引导高中生学会利用网络学习，矫正打网络游戏等不良行为。二是内容创新。教师不但要把基本原理加以传授讲解，还要使课堂信息新颖别致，增加学生闻所未闻之事，激发其好奇心与求知欲，不断刺激学生认真听课。三是创新表达方式。不简单说教，而是突出说理，以理服人，使学生心悦诚服地接受教育。有的教师在课题讲授时采用了“说单口相声”模式，秀了秀自己的才艺，唱歌、舞蹈、曲艺互相夹杂，理论穿插期间，课堂气氛非常活跃，起到了寓教于乐的效果。这样的模式就值得借鉴。

2.衔接性

一是高中课程与初中课程相衔接。在开学初第一课，教师要对原来的知识做简单的回顾、总结，以框架式结构展现，使学生温故知新。二是和高等教育相衔接。高中阶段和大学阶段的思想政治教育既有区别，也有联系，如适度增加大学思想政治课内容，可激发学生学习兴趣，扩展学生视野。三是要与党和国家政策、文件、报告相衔接。教师要时刻关注新闻，关注国家领导人和政府动态，对时政要闻、思想政治教育最新消息与趋势有所了解，然后根据国家提倡开展教学。

3.有效性

一是善于通过提问激发学生思考。不但要把理论内容讲出来，还要讲好、讲懂、讲透，提问是很好的途径之一。要向学生多问几个为什么，学生不得不去思考或查阅资料，加深理解。二是讲授要面向高考。教师必须研究高考试题，对历年试题烂熟于心，了解重点、难点、必考点，在课堂上多次展示，反复刺激，形成学生的考试意识、应答技能。三是注意人文关怀。一定要关爱学生，和学生多交流、多互动，满足学生的合理要求，激发他们的追求，形成深厚的师生感情，以情育人。

第七章 潜力生健康发展专题分析

“潜力生”，也被认为是“后进生”“学困生”“差生”或者“潜能生”，有时也被认为是“问题学生”，指的是在学习、社会适应与心理方面存在一定不足，但只要加以准确教育又可获得进步和成就的学生。高中阶段，由于多重因素制约，一些学生演化为“潜力生”，不但给青少年自身健康发展带来不利，也给学校和家庭管理带来不利影响。因此，加以系统研究，发现潜力生存在的突出问题，找到根源所在，进而提出化解困局的对策，解决现实问题，是教育管理者和专家学者应有之责任。

第一节 潜力生健康发展的问题及原因

一、问题表现

1. 学业维度上的表现

一是学业成绩不良。大多数潜力生课程成绩一般，有的达不到及格水平，有的甚至几乎难以听懂教师授课的内容，这些课程主要集中在外语、数学方面；也有部分或个别学生某一门或几门课程成绩非常突出，但由于偏科等原因，整体成绩不高，导致排名较低。二是难以掌握或者不适应学习内容。有的高中生原来是尖子学生，成绩优良，但进入高中以后，由于教师授课、学科内容变化，一时难以适应，成绩受到影响；有的同学由于和原来熟悉的同学不在一个学校或班级，看到的是新面孔，一时难以适应，成绩受到影响。三是学习习惯不好。有的学生习惯死记硬背，不喜欢探究思考，对书本知识不深入了解；有的学生粗心大意，对知识一知半解；有的学生没有形成较好的预习、复习习惯，对书本知识缺少系统性总结，知识零散，对知识点的把握不到位。如在外语学习中，有的学生虽然也花费气力记忆很多单词，但语法不熟悉，缺少对单词构成法的掌握，在考试中感到非常吃力；没有具备自学能力，不知道如何提高学习成绩。四是面临巨大的学业压力。由于成绩不突出，无法以优异成绩进入较好的大学，在高考竞赛中属于劣势群体。

个案1：×××，文科学生，原来成绩属于中等，但由于数学老师更换，对自己关心不够，便失去信心与兴趣，数学成绩急剧下滑。在高三时已经无法跟上数学老师的思路，对高考题难以理解与完成。

个案2：×××，理科学生，其他课程成绩还不错，唯独外语不是很好。主要原因是初中时基础就不好，到高中以后一直没有赶上。现在，很多单词没有记住，语法不熟悉，考试中的选择题往往做错。由于平时不侧重对高考考题的研究，不注意总结规律，外语写作更是一塌糊涂。代课老师说，如果能够认认真真看几本参考书，把历年真题好好去做做，准备几个模板，提高英语成绩还是很有希望的。

个案3：×××，理科学生，初中时成绩就一般，没有考到理想的学校和班级。现在物理成绩很不好，对很多公式、定理的掌握不够，对一些概念也是特别难以理解，总体感觉就是学习很吃力。

2.心理维度上的表现

一是不适应心理。高中生处于身体发育的特殊时期，生理上有很多大的变化，一些人感到无所适从，难以理解或适应，出现心理不适应感；有的高中生在初中阶段各类学科成绩都好，但来到高中以后，面临众多优秀学子的竞争，或者由于偏科、贪玩等原因，优势不复存在，势必形成心理落差，难以适应。二是自卑心理。有的学生由于课程成绩不好，面临家庭和社会的议论，感到低人一等，在亲戚朋友和老师面前不敢说话，不敢和老师与家长交流，害怕提高成绩与名次。三是逆反心理。受到传统思想政治教育不足的影响，家庭成员教育方式的不当，青春期的特殊发育，一些同学形成逆反心理，不接受老师批评，对班级管理纪律不接受，对家长劝导不接受，有的甚至在生活中和家长、教师发生对抗，有的甚至出走，发生极端事件。四是渴望得到关心心理。由于得不到基本的理解、同情、信任和尊重，很多潜力生和教师之间存在隔阂，但他们又非常想得到老师的认可与支持，哪怕一句简单的“不错，好好学”，都会使他们内心感激。如果得到爱，他们的发展会重新步入正常轨道。

3.社会维度上的表现

潜力生不但在学业方面和同龄人、同一集体内的其他成员之间有差距，在社会化过程中也有很多问题。因此，有学者直接把他们界定为“社会进程落了伍的学生”①，认为基于社会学视角分析，这些学生是不能够较好地适应社会化过程，甚至偏离社会

① 潜程：《谈如何培养“潜力生”》，载《南昌教育学院学报》2006年第4期。

规范的人群①。在社会化维度上的特点是：一是社交能力的低下。由于害羞、社交意识不强、自卑、缺少必要的社交技能等原因，一些学生不知道如何面对陌生人，不敢在公共场合表达自己的观点；有的男同学在女性面前面红耳赤，张口结舌，半天说不出几句连贯话语；有的词不达意，表达失误。二是品行不端行为。故意挑拨同学关系，恶意辱骂别人，自私自利，等等。三是违纪违规行为。一些高中生上网成瘾，整天在网吧上网，浏览不良网页，沾染上不良社会习气；有的欺负低年级学生，发生校园欺凌现象；有的逃课，有的化妆，与外表和身份极其不配；有的早恋，甚至怀孕，造成极其严重的后果。四是盲目从众犯罪行为。受“恶意行为情境”鼓动、外部诱惑、自我克制力不强、同伴教唆等原因，与不良同伴一起，参与抽烟、喝酒、打架斗殴等活动，有的甚至集体犯罪。统计数据显示，目前高中生犯罪现象较多，在青少年犯罪中所占据比例在不断上升，团伙化、利用高科技化犯罪现象比较突出②。

个案1：×××，女，由于受到不良行为学生影响，和某同学早恋。但他们生理知识极其欠缺，不知道怀孕，也不敢前去医院就诊，最后居然将孩子生在学校。家长、教师和社会都感到不可思议，非常惋惜和震惊。

个案2：×××，女，由于青春期的到来，发生了早恋行为。某日晚自习期间，收到男生短信，于是想攀爬三楼水管下去，不料失误，掉落下去，成为残疾人。后来由于病情恶化，离开人世。爱情导致的是一场血淋淋的悲剧，结局令人惋惜。

个案3：×××，某班级前任班长。在班级干部选举中落选，因此对新任班长怀恨在心，拿着锥子将其刺了20多下，使其眼睛受伤，大脑受到影响。由于年满16周岁，事故后果严重，该同学被判处劳改。新任班长学习和健康均受到影响。

二、根源分析

1. 自身原因

一是初中阶段的基础差。很多潜力生在初中阶段就学习成绩一般，基础不牢固，到高中以后面对课程内容的复杂和庞大，越加难以适应，成绩越加下滑。二是意志薄弱。由于成绩下滑，内心压力增加，但没有强大的意志钻研课本，对发生的学业苦难感到为难，造成新的被动局面。三是能力低下。情绪情感管理中，一些学生对情感问题难以处理，发生早恋，影响了自己和他人的健康发展。社会交往中，不会处理人际关系，形成人际互动问题。学习方面，缺少学习方法，没有具体的学习计划，不知道如何获取知识和提高考试技能。四是没有远大理想和目标。得过且过，或者不知道自己将来要做什么，对高中阶段的任务和重要性以及目标没有清晰定位。五是视野和认

① 李中良：《问题青少年：一个概念的界定》，载《鲁东大学学报》（哲学社会科学版）2017年第34卷第6期。

② 李宇涵：《青少年犯罪早期发现的理论分析及预防措施》，载《云南警官学院学报》2018年第6期。

识不到位。由于年龄小，涉世不深，社会阅历明显不足，是典型的“小书生”，对一些社会问题和社会现实认识不到位，对自己的错误难以正确看待。六是性格问题。固执己见，不能够认真听取老师和家长的劝告。

2. 家庭原因

一是家庭成员较忙。有的家庭为了生计，忙于外出打工或工作，对孩子的教育无暇顾及或者关爱不够，使孩子心理上难以得到及时安慰。有些孩子父母平时都在外地打工，只有春节期间才回家，对孩子几乎无法照顾，交流多在电话、视频中进行，对存在的问题无法得知或纠正。二是家庭成员文化教育水平有限。一些家庭成员没有受到过良好的教育，自身的文化程度低，不知道如何教育自己的孩子，很多家长只会说：“学习好你就有个好前途，学习不好考不上大学我也没有办法”，一旦发现孩子出错，或者考试成绩不尽如人意，又认为不打不骂不成才，见了孩子只会破口大骂，一味指责，不知道如何教育和引导孩子，导致家庭关系紧张，孩子逐渐形成逆反心理和逃避心理。三是家庭结构原因。青少年发展中，家庭环境至关重要，家长一定要千方百计地为其营造良好的家庭环境。但事实上，一些家庭很难做到，因为有的家庭关系复杂，或者父母离异，或者家庭重新建构，或者家庭成员之间为了利益互相吵闹，对孩子身心发展造成不利影响。尤其是现代人离婚率较高，一些父母离异，导致孩子没有很好地得到家庭关爱，心理缺失爱，孤僻封闭，自卑，有些甚至形成报复社会心理和暴躁脾气等，为将来生活的不幸种下了种子。四是家庭溺爱。有的家长老来得子，有的觉得孩子学习不容易，要以考试为第一，不安排孩子做力所能及的家务（如叠被子、洗衣服、洗碗等），不让孩子参加体育劳动，不让孩子参与必要的社会交往活动，结果孩子独立能力低下，有的连最基本的生存能力都不具备，心理承受能力很低，无法适应社会发展的要求。五是家庭生活方式。家庭是孩子成长的摇篮，近朱者赤，近墨者黑，因此有人认为“有什么样的家庭就有什么样的孩子”。有的家庭之中，父辈没有形成良好的习惯，不喜欢洗澡，孩子也很难形成讲究卫生的习惯；瑞士教育家斐斯塔洛齐认为，家庭是道德教育最主要的场所，而一些家长在待人接物方面缺少教养，语言粗俗，行为粗鲁，孩子自然很难具备社交礼仪和高雅语言，而是在模仿之下出问题。

3. 社会原因

一是社会分化带来认知偏差和“文化堕距”。长期处于封闭社会的中国，在改革开放以后，对内对外联系不断扩大，各类新鲜事物层出不穷，各类新现象、新问题不断催生，对高中生的认知形成挑战。尤其是中国在从计划经济向市场经济转型、农业社会向现代社会转型、后发展国家向中等收入国家转型过程中，社会发生激烈变革，阶层发生变动，一部分人利用手中的权力贪污受贿或某个机会一夜暴富，一部分人虽然付出很大努力却经济收入低下，生活质量不高，这对高中生形成巨大刺激，一些人难以做合理解释和认识，自然在思想上发生混乱，对高中生价值观形成造成不良影响。

经济与技术快速发展，但文化建设相对滞后，给社会发展带来不利影响。社会学家WF.奥格本将此称之为“文化堕距”①。二是亚文化影响。亚文化和主流文化相对应，指的是较少一部分群体内认可流行的文化行为。一些青少年思想不端，行为怪异，给尚未成年和不具备价值判断力的高中生带来不良影响，他们觉得好奇、时尚、新鲜、好玩，开始模仿。三是不良信息泛滥成灾。社会应该为高中生发展提供必要的文化思想娱乐场所，但学校内生活单调，学业压力较大，外部又缺少较好的文化教育与娱乐休闲等基地，一些高中生只有看手机、上网吧，而一些地方对娱乐场所监管不力，审核与监督检查不严，致使其内部秩序与管理混乱，商家为了私利设制一些低俗的游戏项目，这些学生从此沉迷网络，整天和游戏为伍，受到网络赌博、暴力杀人、色情游戏等影响，发生不良的犯罪行为；信息技术快速发展之中，各种信息铺天盖地而来，有的属于不良文化信息，势必对涉世不深的高中生形成威胁与危害。尤其是手机的影响不可低估，有些学生浏览了不良网站，看到了涉及暴力与色情等行为的信息，无法把持，最终偏离准确方向，有的甚至走向犯罪之路。四是利益冲突。原来初中时学生都关系单纯，随着年龄的增长，发生的利益冲突不断增多，在人际交往中形成了新的困惑和问题。

4.学校原因

一是管理理念有问题。一些学校在教育教学管理中，偏重学习成绩，对高中生心理问题不太关注，许多学生对自己的问题难以发现和矫正；如果学校加以关注心理问题，往往会避免一些悲剧的发生。二是教师队伍素质不高。一些教师教育方式单一，教学手段老化，懒惰，工作责任心不强，不钻研教材、考试大纲和高考试题，不适应新时期高中生心理需求；有的教师居高临下，对一些成绩不好同学关爱不够。三是制度问题。有的学校对后进生转化率不列入考核指标，导致一些教师宁愿在优等学生那里投入精力，也不愿意去转化潜力生；有的学校班额特别大，一个班级内有八九十位同学就读，连课桌都难以放下，秩序混乱，上课效率不高，也不利于班主任和高中生之间开展互动，学生容易出现受忽视心理，形成一些特殊问题；有的学校将体育课挤占，安排主课，对体育锻炼不重视，学生无法形成坚持锻炼的习惯，身体素质得不到提升，对一生健康都会形成影响；有的学校对课外活动研学旅游等不支持，害怕出问题后承担责任，或者嫌麻烦，致使学生难以开阔视野；有的学校不重视教学研究，一味地要求教师苦教、学生苦学，教师工作几十年都没有参加过正规研究活动，教学质量得不到学术研究的有力支持；有的学校领导喜欢走过场，偏好搞活动，教师不得不配合，疲于应付。四是经费问题。一些学校缺少经费，在基础设施方面很难有所改善，

① 胡勇：《文化堕距理论视野下我国青少年越轨犯罪文化影响因素研究》，载《滁州学院学报》2018年第20卷第6期。

如有的学校至今都没有配置多媒体设备，影响了课堂教学质量与学生成绩的提高，也加大了教师备课难度。

第二节　潜力生健康发展的成功模式

——基于古浪二中的个案总结

一、模式1：发现发挥比较优势，激发学生进取动力

国际经济学之中，有一个著名的理论叫作“比较优势原理”（Law of Comparative Advantage），提出者为著名经济学家大卫·李嘉图，他针对亚当·斯密的“绝对优势理论”，在1817年的《政治经济学及赋税原理》一书中，认为在国际贸易和分工中，国际贸易双方不是基于绝对优势的基础上生产其具有绝对优势的产品，而是专门从事或生产具有比较优势的产品，或从事相关活动。也就是说，具有绝对优势的一方要去从事优势较大活动，具有绝对劣势的一方要去从事劣势较小活动，然后互惠互利。比较优势理论的基本含义是，在某个领域内具有劣势者（包括国家、城市、企业与个人），没有必要由于自己的劣势而形成内心压力，而是要看到自己的优势，利用优势参与市场。比较优势理论对教育管理很有启示，那就是对潜力学生的管理与转化，可以不必要求他们事事都有优势，而是首先看到某些优势，然后加以激励，从而提升他们的自信，再利用这些心理优势实现赶超，缩小成绩方面的劣势。现实中，一些高中生虽然成绩不好，但在社会交往、文学艺术、体育运动等方面很有天赋，或者很感兴趣，如果能够抓住其闪光点与亮点加以放大，因势利导，循循善诱，会取得意外收获，使师生关系趋于融洽，使学生成绩大有长进。

表7-1　个案：李滋文老师慧眼识才，头号麻烦生“顺利归途”

项目	内容
老师简介	李滋文，中学二级教师，1997年毕业于张掖师范高等专科学校物理教育，从教以来，一直担任初、高中班主任，从事初、高中物理教学。教育教学基本功扎实，工作认真负责，在教学中形成个人的教学风格。在平时的教学过程中，注重学生学习习惯的培养，使学生获得智与行的滋养，形成良好的学习习惯并掌握有效的学习方法，教与学效果好。2003年6月，他执教的优质课《探究：物质的密度》在市“实验杯”中小学电教优

续表 7-1

项目	内容
	质课评比中获三等奖；2007年12月，学术论文《浅议中学物理实验教学几个误区》在市"注·提"实验理论研讨会论文评比中获二等奖；2018年8月，论文《利用教学途径提升高中物理教学有效性研究》发表在省级刊物《高考》上，荣获第三届全国教育科研优秀成果奖。他辅导学生耐心细致，曾在全国中学生物理竞赛获省级、市级辅导奖；2003年比赛中获市级优秀奖；2004年，他辅导的学生在全国中学生物理竞赛中获省级三等奖。由于所带班级班风正，学风浓，多次被评为优秀班集体，个人多次被评为先进工作者、优秀教师。2005年3月被评为古浪县优秀教师；2006年6月被评为县骨干教师；2004年10月被评为古浪县优秀班主任。教育感言是用爱去灌溉学生，用心去呵护学生。
学生简介	晏××，是典型的问题学生。该同学从初一到初二都被老师识为"麻烦"，被称为班上的"头号人物"，有的老师见到他便"如临大敌"。该同学由于没有接受应有的教育和关爱，发展状况与存在问题没有得到及时改变：纪律依旧很差，早退迟到很多；学习态度不端正，不知道学习和自身未来发展的关系；不好好预习课文，不好好完成作业；不接受老师意见，甚至可以当面顶撞，使老师又恨又气。但此人又善于交际，据说，他和班级各类同学都关系很好，甚至和许多人都"称兄道弟"。
教师转化绝招与过程	有次，学校策划举办一次以"环保"为主题的手抄报展览，李老师无意之间发现了他的亮点，那就是看到他做的手抄报很好，设计美观，书写端正，暗自感叹人之多样，也想以此为突破口试试，便把绘画任务委托于他，语言诚恳，说责任重大，别辜负期望，等等。果然，效果来了，该同学发生了一系列变化：先是对老师的态度和行为和之前完全不同，感到惊诧，因为从来没有老师交代他任务去做；接着是感激，感谢老师赏识他；接下来是认真的投入和准备，仔细设计，仔细修改，多次汇报，一丝不苟。终于，任务圆满完成了：他的作品上了学校宣传栏；手抄报的字迹十分工整，插图符合主题。李老师没有就此打住，而是趁热打铁，快马加鞭，带着全班同学欣赏他，当众表扬他。
学生后来发展态势	该同学终于感受到了喜悦和收获感，也感受到了大家的欢迎，对学习开始有了兴趣，对老师的话开始认真对待，走上了良性发展的轨道。
教师感悟笔记	"用放大镜去看后进生的优点，及时肯定、表扬后进生，满足其自尊及心理需要，帮助他们树立信心，可以为他们的转化创造契机。希望后进生们抬起曾经低垂的头，从此不再自暴自弃；希望后进生们融入大集体中，从此不再自卑孤独；希望心中的日月冉冉升起，从此不再黯淡无光。这将是我矢志不移的目标！"——摘自李老师学术研讨会发言

二、模式2：包容宽容奉献爱心，耐心教育最终成功

包容和宽容是两个内涵不同的词语，包容指的是一个人气量大，具有宽大的胸怀，大度，不计较一些事情，能够和别人和谐相处；宽容指的是对别人或一些失误、错误或者不合常理长情的行为不追究，不计较，可以理解。包容在教育中的作用，有人用"南风效应"来描述：北风和南风比赛谁厉害，最后决定，谁首先依靠自己的力量使人

首先脱下外衣，谁的力量就大。于是北风对人发起猛烈进攻，但人类感觉很冷就加上了外衣，有的走进屋子，有的把衣服裹得更紧，只好宣告失败；南方选择的是温柔路线，它慢慢吹起来，人感觉越来越热，就不得不把外衣脱了。此理论形象地说明了包容和宽容的力量。对教育者而言，具备包容与宽容之心，是一种素养、美德，也是一种人生境界，还是一种必备的教育技能与理念。人非圣贤，孰能无错，犯错误不可怕，可怕的是对犯错者打入冷宫，永远不给纠错的机会；包容别人，宽容别人，会使对方感受到自己的真诚，改过自新。对一些存有缺点和不足的学生，很多老师往往采取以下几类态度：多一事不如少一事，有你也可以，没有你也可以，我的工资不会少；你走你的路，我上我的课，毕业之后再也见不着；不说你，不骂你，不管你，你的发展你做主。这是非常有害的想法和行为，不但害了高中学生，也不利于自己的声誉，实际是对教育的不负责任。最好的办法是以感情感动，悉心教导，慢慢感化。世界上没有不懂事的学生，只有不会教育的老师。爱的力量是无限的，爱心达到，学生进步自会发生。当然，宽容、包容不是对学生的错误不去理睬，不是鼓励对方继续出错犯错，而是让对方主动悔过改过；是让不同个性和特征的学生互相学习，取长补短，共同进步。

表7–2　个案：陆生芳老师经常谈心，后进生当兵成才

项目	内容
老师简介	陆生芳，男，汉族，一级教师。1999年7月毕业于张掖师专，同年参加工作，2005年8月函授毕业于西北师范大学生物科学专业。现为古浪县第二中学一级化学教师、班主任兼年级组副组长。参加工作以来长期担任班主任工作，工作业绩突出，多次被评为学校优秀班主任、县级优秀教师。善于以真心感化学生，在转化潜力学生方面很有心得。
学生简介	这是一位2009年陆老师所带的学生。学习成绩一般，还沾染上了上网的不良习惯，对身体和学习造成极大不利。原因是：父母长期在外工作劳动，缺少家庭内的管教；自己克制力不强，对游戏等诱惑无法拒绝；学习成绩不好，在班级内没有地位，感受不到学习的快乐。
教师转化绝招与过程	对学习的转化与提高，短期内感觉很难，但他坚信人应该要具有好的人品，学习不好无所谓，人品不好麻烦大。于是，他与学生多次交流，说明迷恋上网打游戏的危害，重点是对身体健康非常不利；为了增强说服力，具体分析各类危害，实实在在，没有夸大。
学生后来发展态势	多次谈心和认真教育后，该同学逐渐认识到了自己的缺点，认识到了网络带来的不利影响，慢慢减少了上网次数。和老师有了交流，内心得到了袒露，自信心逐渐具备；人品受到大家好评。2011年高考前光荣入伍；2015年春节利用探亲之机会，看望老师；入伍后由于表现突出，考取了军校，并且到了兰州军区某部工作，还荣立二等功。
教师感悟笔记	“成人成才，要成才，先要成人。虽然潜力学生学习不怎么样好，但学会做人的道理，照样成才成功，教师应该教会学生如何选择合适的朋友，如何担负应该有的责任。”——摘自陆老师学术研讨会发言

三、模式3：换位思考学生难点，触及痛点优化关系

所谓换位思考，就是指要站在对方的立场和利益上，思考对方举止和行为的理由，进而互相谅解，形成较好的互动。在社会互动中，由于双方各自阅历、思想、观点、利益不同，往往会发生一些分歧，这时候如果不光从自己的观点出发，而是站在对方角度考虑，往往会形成一种新的心理体验，使沟通变得顺畅。学会换位思考是教育者必备的素养。现代社会中，高中生受到各类文化和社会现象的影响，家庭出生千差万别，思考问题的思维方式各不相同，同时平等意识、权利意识增强，单纯的居高临下般的说教，只会激发学生的逆反心理，达不到理想效果，不如改变指挥与被指挥、管理与被管理的关系为平等关系。这就要求教师改变原来现成的“刻板印象”，不强词夺理，不主观评价，而是去换位思考，扮演对方角色来思考问题，将心比心，设身处地地多考虑学生的心理感受，如“我是如何想的？我为什么要这样做?”，想学生之内心想法，想学生之心中理解，替他们说话和分析，深知他们的难处、困惑、真实需求，更好地实现对话。再说，教育的本质是平等，包括教师和学生地位的平等，对待高中潜力学生，如果能够换位思考，平等交流，效果往往事半功倍；反之，如果高高在上，居高临下，一味地指责批评，或者不理不睬，势必造成学生心理的更加疏远，对待学业更无兴趣，对待教师教育更加逆反。在交流之中，最好的办法莫过于发现学生关心的话题，找到学生的内心敏感点、痛点、柔弱点，加以点击，积极鼓励与奖励，形成正面效果。

表7–3　个案：窦会科老师谈零花钱，后进生感激主动改过

项目	内容
老师简介	窦会科，男，1980年10月生。2002年7月毕业于河西学院体育教育专业，2008年1月函授毕业于西安体育学院运动训练专业，2004年7月调入古浪二中工作，担任音体美教研组组长。曾获得多次奖励，其中2003年被武威市教育局评为“武威市优秀体育教师”，2012年被评为全县“课堂教学增效年先进个人”，2014年、2016年在全县高效课堂教学比赛中，获一等奖和二等奖，2017年在全市中学教师教学技能大赛中荣获高中体育课堂教学竞赛三等奖，2018年被古浪县教育局聘为高中体育兼职教研员。多次担任班主任，经验丰富。
学生简介	XXX，学习成绩一般，还沾染上不良生活习惯，喜抽烟，多次发生违纪行为；受一些青少年行为影响，戴耳钉，留长发，遭到学校点名批评。
教师转化绝招与过程	一是少批评。在带耳钉违纪后，没有大发雷霆，而是说“去上课吧，以后注意”，给了学生机会。二是谈零花钱。该同学家离学校较远，是住宿学生，只有周末才可以回家。教师便主动发问“带的钱够不够？在哪里吃饭?”等，还说起自己上高中时的遭遇，形成了同感。

续表 7-3

项目	内容
学生后来发展态势	该同学发生了细微变化，心理开始不再抵触教师；见了班主任不再感到害怕，不再躲避，而是主动打招呼；学校要求发型不合格的学生要去理发，他第一个做到，非常配合；开始读书学习；脸上有了自信。
教师感悟笔记	“只有互相理解，老师和学生才可以发生心灵之间的交流交融。对待学生就像对待自己的孩子一样，尊重每一个孩子，我想每一个学生都不是故意让自己掉队的，教师首先要平等地对待学生，给他们温暖与阳光雨露，学生自然会感觉到老师的关爱，反过来也会尊重老师，进而尊重自己的前途，约束自己，努力向上。”——摘自窦老师学术研讨会发言

四、模式4：不吝美言给予表扬，感受认可春风化雨

1925年，心理学家赫洛克（E.B.Hurlook）也在学术研究中开展过类似实验，有人将其称之为“反馈实验”，他把成绩基本差不多的学生划分为几个大组，有的组不予以评价评定，有的组仅仅给予批评，有的组给予表扬，结果是表扬组的进步最大最显著。美国著名教育心理学者罗森塔尔（Robert Rosenthal）和雅各布森对此有过专门的实验，1968年他让教师对某个班级中的一些学生每天都加大表扬，予以认可，说他们将来前途无量，结果这些学生成绩都有很大进步，原因是他们从教师那里获得了自信和尊重。这就是“罗森塔尔效应”，或者为“皮格马利翁效应”（Pygmalion Effect）、“期待效应”。结论表明：批评使人进步，但恰到好处和必要的夸奖也可以使人进步；被期待对象得到期待者的认可与社会支持，一旦得到认可，期望得到满足，会形成强大的出乎意料的动力与自信心，使期待者获得期待中的结果；人都喜欢与欣赏自己的人交往，并且容易受到他们的影响。这两个实验都说明，人都喜欢听美誉之词，表扬和奖励有助于激发人的动机与追求，表扬教育机制的效应要优于批评教育机制的效应。可惜的是，长期以来，“潜能生”或“后进生”面对的都是批评、指责，心理上带来的压力可想而知，但如果家长、班主任或管理者给予他们表扬，哪怕是简单的几句话、几个字，他们也会在心理上消除负担，克服掉自卑感、劣势感、受歧视感，自信心会慢慢培养，师生关系慢慢融洽，健康发展机制慢慢得到优化。其实，教育对象不是缺乏美，而是教育者缺少发现美的眼光，缺少对美的认可。教育工作者一定要对教育对象给予认可，在工作中注意应用表扬性语言，以使潜力生的潜力得到施放和“激活”。表扬的方式多种多样，可以采取语言策略，通过语言文字加以表扬，如当学生取得进步时说声：“祝贺。有进步，继续努力，你还可以做得更好”；可以通过发放奖金的形式给予物质奖励，可以通过树立“进步之星”“后起之秀”“努力标兵”等荣誉给予精神方面的奖励，使学生获得某种实实在在的优势感，进取心得到不断强化。就是学生没有取得成功，也可以进行表扬，如说声：“这次效果虽然不是特别好，但付出了努力，及时进步，而

且你的态度很好，值得认可。加油！”学生也会形成一种向上的力量，对教师更加亲切，对课程更有兴趣，对学习更加投入，成绩自然会逐渐好转，有时候甚至会发展飞跃，从一个后进生转化为优等生、尖子生。当然，表扬时要注意如下几点：一是信心的树立不是一日之功，教师表扬要长期坚持不懈，不可急于求成，不可因为学生在短期内取得成效不够理想而失去信心；二是表扬要有理有据，要实事求是，落实到具体的事情与细节之中，不可违心表扬，那样的话学生会怀疑老师的动机，有时候会适得其反；三是表扬要和批评适度结合，防止学生又走向另外一个极端。

表7-4　个案：任兴永老师一点表扬，后进生人生一串改变

项目	内容
老师简介	任兴永，男，二级教师，本科学历，2005年毕业于河西学院。在古浪县第二中学任教，担任中学语文教学和十余年的班主任工作，撰写的教育教学论文多次获省、市、县级一、二等奖，并在《教育革新》《新课程》发表多篇论文，在省、市、县级课件制作大赛中多次获一、二、三等奖。担任班主任工作期间对后进生多有表扬，收获很大。
学生简介	×××，所带第一届初中学生。基础不太好，学习成绩一般；纪律性不强，喜欢在课堂上捣乱。不利于其他同学学习，也不利于班级管理。各科老师都对其评价不高。
教师转化绝招与过程	有一次作文比赛中，发现该同学书法不错，写得非常规范，于是对其大加表扬，他自己和同学们都感到很意外，因为没有老师说他好。该同学体育成绩较好，在体育比赛中多次获奖，教师也多次表扬。
学生后来发展态势	该同学感受到了一种认可感，开始认真做作业，上课纪律性逐渐增强，改掉了捣乱的习惯；学生对他的评价也好转，他成了班文体委员。初三时该同学踊跃入伍，到新疆服役；期间工作认真，给首长开车；后成为士官。回家时多次看望任老师，师生关系很好。
教师感悟笔记	“作为教师，我们应该细心捕捉和发现学生潜在的每一个闪光点，给予适时地表扬和鼓励，让潜能生意识到自己能行。当他们拥有了自信，才能为将来走向社会取得一定的成功奠定基石。”——摘自任老师学术研讨会发言

五、模式5：加强沟通疏通隔阂，几句交流胜过良药

由于工作的繁忙、班级同学数量的众多，很多教师难以和学生进行有效的对话交流，使一些学生认为自己受到了忽视，在教师心目中没有地位，于是形成自卑心理、逆反心理，学业受到影响。尤其是高中生处在青春发育期的特殊阶段，不愿意向他人吐露自己的内心想法，使师生之间、亲子之间的关系有时候不是很和谐，有时候还会发生一些小矛盾，难以管理，也不利于学生健康发展。这时候，如果教师能够低下头来，和这些学生展开交流，加强沟通，往往会收到意外效果。有学者设计的主题班会很有成效，值得借鉴：他设计了“爱在沟通，换位思考”的主题班会，让学生与家长

各自录像，反映自己的期望和评价，谈到了“沟通中最无法接受的做法”“你希望爸爸妈妈应该如何做”，结果效果很好，家长了解了孩子的委屈、需求，孩子了解了家长的良苦用心、内心期待和希望，互相达成理解，形成巨大的共鸣。潜力生的转化也不妨采取这样的模式，或者采取书信反映等模式，互相说出自己的看法，加强师生沟通、学校与家长沟通，增强立德树人效果。

表7-5 个案：贾老师交流家庭经济情况，后进生男儿担当开始凸显

项目	内容
老师简介	贾永鹏，男，1982年出生，2001年8月参加工作，二级教师。参加工作以来，爱岗敬业，关爱尊重学生，担任班主任工作10年，获校级优秀班主任三次。2012年获“全国初中数学竞赛”辅导一等奖；制作多媒体课件获市级一等奖1次，二等奖2次。多篇论文发表于省级刊物，获省级优秀论文（教学案例）一等奖2次。2018年在全县高效课堂竞赛中获高中组二等奖。班主任格言：走进学生，真诚、公平对待每一位学生。
学生简介	×××，2013年担任高一（7）班班主任时带的一位学生。个子高，但不善于自我管理，被撤换掉班长职务，更加难以管教：上课睡觉；顶撞老师；上网；抽烟。
教师转化绝招与过程	找学生谈话，聊起了家庭，才知道该同学家庭经济条件不好，父母常年在外打工，爷爷一个人照顾他。于是跟他讲这样做对不起家人，对不起爷爷；应该让父母减轻负担，不要叫父辈过于辛苦。这次谈话很有效，该同学理解了老师的话语，理解了家长的辛苦，开始有了转变。
学生后来发展态势	担任副班长职务，开始认真负责；中学二年级以后，给老师汇报，说要去广东学修理技术，本人也非常喜欢这个工作。目前，成为广东某汽车销售维修4S店店长，过年回家时，还邀请老师吃饭。
教师感悟笔记	“教师要多与孩子交流，及时掌握学生在学校的情况以及学生心理变化，鼓励家长多和班主任、课任老师沟通，家校联教，全方位提高学困生的综合素质，进而从根本上转化成为学优生。”——摘自贾老师学术研讨会发言

六、模式6：给予机会锻炼自我，弥补短处塑造新我

机会就是时机、机遇。机会在当代社会是一种非常稀缺的资源，一个人即使有才华、有抱负，如果没有机遇，也不会取得很大成就；反之，一个人如果有了机会，加上自己有准备，就会有可能取得成功。对潜力生而言，有的具备某些方面的才华或者特长，但是由于受到成绩不好的“形象遮蔽效应”存在，往往不会被老师发现，无法得到施展，如果老师善于观察，能够给予他们展示和锻炼的机会，他们会倍加珍惜，积极努力，取得进步。因此，教师对一些潜能生开展思想转化工作时，不妨反其道而行，针对其不足加以矫正。如学习成绩一般可任命其担任学习小组组长，这样可便于

和优秀学生进行交流，从而耳濡目染获得进步；如果纪律涣散，不妨任命其担任纪律委员，逼迫其不得不改过自新，否则会难以服众。事实证明，这样的做法往往有奇效。

表7-6 个案：郭银老师大胆出奇招，问题学生感恩大进步

项目	内容
老师简介	郭银，48岁，本科学历，数学教育专业高级教师，获省级骨干教师、省级优秀辅导教师、市级教研先进个人、县级名师等称号，从事数学教育教学29年，担任班主任工作26年，《古浪教育》兼职编辑，学校年级主任兼数学教研组组长，有多篇论文发表在省市级教育教学刊物上。在班主任工作中很有秘招，善于突破常规，以非常人之道对待非常规之学生。
学生简介	×××同学，典型问题学生。成绩不好也不差，但由于没有担任过班干部，担任最大的职务是小组长，于是老感觉心理失衡，最后演化为自卑自弃。
教师转化绝招与过程	交流中得知该同学的“心病”以后，老师大胆出招，积极鼓励他竞聘班干部，并且给予支持，告诉他如何获胜，最后成功竞聘。这次事件对该同学很有激励，他的“官瘾”得到了满足，开始自我约束，不再迟到，不再旷课，不捣乱，还想方设法维护班级秩序与纪律，获得老师和同学很好评价。
学生后来发展态势	不但学习上有了进步，生活中也开始有了自信，脸上有了笑容。
教师感悟笔记	“相当一部分潜能生脑子比较灵活、聪明，教师完全可以让其承担适当的责任，让他们做到正人先正己，在承担责任的同时感受到压力，从而迫使他们进行自我改进、自我提高。”——摘自郭老师学术研讨会发言

七、模式7：大幅减负给予成功，以少积多发生质变

“减负”指的是在现有教育制度框架和学生课程繁重的背景下，减轻中小学生课业负担的提法。本研究的减负，不是简单的减轻课程压力，而是一种新的教育方法，意为对后进生的转化，不可急于求成，要循循善诱，积少成多，否则会适得其反。因为他们毕竟在某些方面有不足，要在短期内加以改善改观，既不现实也有难度；最好的办法莫过于化难为易，使学生心理变得轻松，积累小胜为大胜，使“减法”转化为“加法”。教师要合理减负，需要注意几点：一是制定小目标，帮助学生一个个去实现。一旦学生有了成功感，自然会获得快乐、自信，会越来越有干劲，在学业上求得进步。二是精准完成任务。要找到学生的问题所在，然后对症下药，而不是“眉毛胡子一把抓”。

表7-7 个案：贾新华老师制定小目标，潜能生都能取得大发展

项目	内容
老师简介	贾新华，中学语文学科高级教师。1990年7月从张掖师专毕业，同年8月分配到古浪二中任教。在二十多年的教学工作中，他先后从事初中、高中语文学科教学工作，并担任班主任工作至今。他教学成绩突出，先后荣获古浪县"优秀班主任"、古浪县"名师"、武威市"骨干教师"、甘肃省"骨干教师"称号。教学之余，他还积极投身于学科研究工作之中，力求以研促教，并积极撰写教学论文，有十多篇文章在各类刊物上发表或获奖。《让作文批改走出困境》发表于《甘肃教育》2007年第2期，《妙"读"生花》发表于《教师报》2008年1688期，所拟定的"感受　领悟　积累　运用"课题，被武威市教育局确立为教育科学研究课题。在班级管理方面，他注意以人为本，关心爱护学生，尊重学生，认为只有爱得深，才能更认真、更耐心、更细心地对每一个学生进行教育。真诚的爱甚于一切，这是对教育工作的最好诠释。
学生简介	×××、×××，为留守儿童，爷爷奶奶无法管教，导致孩子学习成绩不好。 ×××，独生子，由于家庭过度溺爱，学习成绩不好。 ×××，学习成绩一般，对自己没有多大信心。
教师转化绝招与过程	课堂上把难度较低的问题交付给这些同学来回答，给予表扬；作业中尽量不布置难题，使其取得成功感；作业数量不多，别人一次可以完成的作业，教师根据他们的实际能力，分为好几次去完成。
学生后来发展态势	课堂上感受到了课业的乐趣，增强了自信心。其中一位同学成绩在班级排名中跃进五个名次。
教师感悟笔记	"对于这些后进生，教师要帮助他们确立一个切实可行的小目标，并为此不断奋斗，相信奋斗可以改变困境。事实上他们也实现了自己制定的小目标，尝到了成功的快乐。"——摘自贾老师学术研讨会发言

八、模式8：严加管教不敢疏忽，杜绝恶习不可懈怠

所谓"严格"或"严肃"，指的是要求自己或他人必须遵守或执行某些制度规定，不可不讲原则。"严格管理"指的就是一定要按照事先制定的制度规则办事，不马虎。一些后进生受到外部和其他要素影响，往往沾染上一些不良生活习惯或者恶习，但作为未成年人的他们，自己本身难以克服，教师这时就必须讲原则、讲规矩，对不合理的行为和想法严加管教，必要时必须"金刚怒目"，同时要做到细心、耐心，及时发现问题所在。"严师出高徒"，"严是爱，宽是害"，古人之言不可谓不经典。

表7-8 个案：李耀海目恕心慈，“手机控”远离手机

项目	内容
老师简介	李耀海，2005年6月毕业于宁夏大学政法学院思想政治教育专业，同年到古浪县第二中学任教至今，一直担任高中班主任及政治教学工作。2014年被县教育局评为“师德标兵”，2017年获县高效课堂二等奖，多次被评为县优秀教师。他坚守的教育原则是：自己多努力一份，给学生增加一份上进的动力。在班主任工作中不主张对学生过度宽容，而是主张要严加管教，不可放松监督检查。
学生简介	×××，原来是优秀学生，但自从接触手机后，逐渐为其俘虏，把持不住自己，学业受到严重影响，成了彻底的“手机控”。白天玩手机，课堂没有心思关心课程；晚上玩手机，宿舍内玩得昏天黑地；家长没办法，打骂没有效果；教师没办法，批评无效果，只好放任自流。该同学家庭经济条件不好，是精准扶贫户。
教师转化绝招与过程	坚决不给玩手机机会，把学生手机没收，使其远离手机；白天课堂上关注举动，晚上多次询问动向；一旦发现，会有同学及时告诉老师，老师会及时出现，指出他的错误。同时，告诉学生手机的危害性，结合家庭经济条件劝导学习对家庭和个人的重要性；交流中，不低估他，而是认可他，说他是优秀学生，应该找回自己的优秀。
学生后来发展态势	慢慢地，该同学发生了变化——上课听讲认真了，作业及时上交了，和老师交流次数变多了，对待课程有兴趣了，精气神开始出现。
教师感悟笔记	“每一个学生都是一个独立的个体，我们在处理他们身上的问题时，要把常规的办法和切合他自己的方法结合起来，尤其要注意个体化的措施，这往往会起到较好的教育效果。”——摘自李老师学术研讨会发言

第三节 促进潜力生健康发展的对策建议

一、理念制度：求转变，多重视，有创新

一是转变观念。在学校教学管理中，改变高考成绩为一切评定标准的理念与思想，将高中生健康发展作为重点工作，对高中生出现的身心健康发展问题高度重视。二是开展制度创新。制度一般指的是社会运行中成员必须共同遵守的规则或规范，具有指导性、规范性、约束性、强制性等特点。制度经济学认为制度会对经济效率形成影响，因此将制度要素纳入理论分析框架，对社会与学术界形成巨大影响。高中教育教学管理者，也要善于利用制度经济学思维与理念，适时进行制度创新。如教师评价制度方

面，在学校制度设计理念中，不再单纯看尖子生发展指标，而是强化后进生健康发展指标，或者侧重潜力生转化率指标，增大其权重，将其与经济收入、荣誉评定互相挂钩，如通过制度设计，强化教师和班主任建设，强化对高中生健康发展的任务，规定后进生转化率不达标者不可以晋升高级别职称，对绩效显著者给予经济、物质、精神等方面的奖励，形成奖励机制；在班主任和代课教师工作分配方面，对后进生多的班级给予倾斜，强化其师资力量，从而形成一种新的竞争机制，使教师和班主任认识到高中生健康发展对于学生个人、家庭和社会的意义，增强责任感、使命感，积极教书育人，将职业作为一种事业。教师资源配置利用制度方面，主张学校之间教师互相流动，主张优质教师人才资源的跨学校使用。课外活动安排制度方面，要形成研学旅游、课外活动与社会实践机制，不走过场，而是要开展明察暗访，有制度保障，确保各个学校脚踏实地开展工作，使高中学生走出课堂，在社会实践中获得知识，开阔眼界，增强阅历，获得健康发展必要的社会经历支持，如实施每天早上或每周周一升国旗制度，从无声中树立学生爱国思想；实施“课程教学研讨活动月”制度，规定每年有一周要集中开展课堂教学研究活动，围绕党和国家大事中的热点、高考考点、潜力生学习难点、教学重点来进行，提高教育教学质量。

二、教学研究：要务实，找问题，强对策

在高中教学管理工作之外，强化健康发展研究，使其为教学管理提供理论支持和学术支撑；创新研究模式，鼓励教师提供课题、专著、论文、项目、参加会议、进修等途径提高理论水平；编制研究规划，拟定议题，为研究者提供参考借鉴；研究要结合教育教学中的热点问题开展研究，重点侧重课堂教学、课程教学、素质教育、核心素养发展、青少年成长、家庭教育等议题，讲究实事求是；议题要有多样性，基础理论探讨要有深入性、前瞻性，案例研究要有代表性、参考性，应用与对策研究要有实践性、可操作性，决策咨询研究要体现政策性；对研究成果做严格评审，不走过场，杜绝虚假研究和学术不端行为；教育教学研究是探究教育教学规律的特殊活动，因此在具体实践中要以教学问题为对象与导向，结合学校存在的问题开展研究，要以绩效为目的，强化研究的应用价值；针对目前经费短缺现实，要积极走出去，向上争取财政和专项经费支持，或向民间争取支持资金，从而增强研究经费支持力度，奠定与夯实研究的物质基础；积极鼓励教师投入科研，解决其经济、制度和其他方面的后顾之忧；对研究成果突出者给予经济、物质、精神和职务方面的奖励，形成竞争风气、研究风气；打造一支作风优良、研究造诣较深的教师队伍，发挥科研优势，促进科研教学互动融合，以科研服务提高教学，全面提升教育教学质量。

三、校园文化：多关心，塑标杆，扬正气

一是在校园文化建设中，强化后进生转化工作。学校文化是长期发展积淀形成的一套价值体系。长期以来，学校文化建设中偏重看得见、摸得着的物质文化建设，特别喜欢修建教学楼、实验室，开展绿化等，目的是改善基础设施和配套设施，对制度文化有所忽视，尤其是对潜力生发展问题有所漠视。实际上思想观念、制度才是最为重要的要素，这样的文化建设是不全面的文化建设，要在思想上、制度上首先有所突破。二是加大先进人物事迹宣传力度。将典型模范人物事迹、故事和图像呈现在校园之内，对后进生形成鼓励；将后进生成才事迹与故事大加宣传，对后进生形成机理；同时，对一些失足学生、违法学生事迹进行披露，对后进生形成震撼与教育。三是开设心理健康咨询等工作。结合心理学科知识与理论方法，解答学生与家长在高中生成长中面临的突出问题，开展有效沟通，化解疑难困惑，转化后进生，以爱感化学生。四是强化校风建设。征集校训、校歌、校徽和校旗设计方案，选择合适的加以使用，广泛宣传，营造氛围，对学生形成无形的教育力量，鼓励学生积极向上。五是适度开展环境优化。加大绿化面积，使得校园鲜花盛开，有条件的学校可以水流潺潺，学生可以在草坪上读书学习，可以在林荫大道上漫步跑步，在花园式校园中健康发展，放飞理想和希望。六是开展丰富多样的校园活动。活动可以包括体育健身型、理论知识型、技能型、艺术鉴赏型、法制科普型、娱乐休闲型、学生成就特长展示型等，但一定要内容充实，主题鲜明，发动学生家长参与，形成互动，有创新创特色，同时保持制度化、系列化，将国家发展的新理念、新思想渗透融入其中，把校园建设为健康校园、平安校园、艺术校园、快乐校园、活力校园、花园校园。值得注意的是，校园文化建设见效慢，不可急于求成，但它的效果较好，需要领导和教师真心投入，精心规划，借鉴其他学校成功经验，结合学校实际情况做好建设方案，循序渐进，逐一落实，不断完善，只要坚持下去，能够密切结合社会发展实际，坚持与突出育人原则，在物质、精神、制度方面有新的亮点，校园文化建设必将在潜力生发展中收到意想不到的成效。

四、传统文化：进课堂，入生活，化动力

一是开展传统文化精粹思想的搜集整理。高中生思想政治教育面临的问题是成长环境与现实问题，尤其是市场经济快速发展中的道德滑坡、人性异化、拜金主义等现象，而传统文化中有很多朴素的语言包含哲理，具有重大教育价值，习近平总书记说："中国传统文化博大精深，学习和掌握其中的各种思想精华，对树立正确的世界观、人生观、价值观很有益处。"传统文化不但可以帮助高中生坚定思想政治立场，帮助高中生理解社会发展，帮助高中生更加了解社会主义核心价值观的内涵；此外，中国传统

文化中还有大量教育理论文章、观点和思想，可以直接“拿来”，在课堂中加以应用，起到巨大的教育作用。如利用《周易》中的“天行健，君子以自强不息；地势坤，君子以厚德载物”来培养学生的自强坚韧精神；利用《史记》中的“燕雀安知鸿鹄之志哉”帮助学生树立志向；利用《论语》中的“民无信不立；言必信，行必果”培养立学生诚信意识；利用“天下兴亡、匹夫有责”树立学生的家国情怀，改变自私自利的不足；梁启超主张“少年强则国强”，教师可结合古浪县实际情况，提出“少年强则古浪强，少年强则家庭强”的说法，形成激励。二是开展传统文化宣传。在搜集资料的前提下，要使这些文化精粹和高中生学习生活相联系，使高中生形成爱国主义观念。目前，受到一些流行亚文化的影响，部分高中学生认为西方的一切都是好的，认为“西方的月亮就是圆”，对国家与民族的优势不理解，这是一种狭隘的认知观。教师要结合现实，通过编写教材、看电影、做报告、开展专题讲座等形式，展示民族饮食、建筑、歌舞、书法、曲艺、人文景观，开展中外文化对比，展示中华民族传统文化的博大精深、历史悠久与鲜明特色，帮助青少年明辨是非。如部分学生认为西医优于中医，传统中医毫无价值，这显然不符合客观事实，教师需要对我国中医做介绍，结合哲学课程展示其科学之处，比较出真知，学生自然会有所感悟，形成自己的判断。三是传承本地传统文化。在现代化进程中，一些文化发生流失，有的甚至中断。学校要承担起文化保护传承的部分责任。如邀请国家级非遗传承人进入校园，展示国家非遗瑰宝的魅力，使学生自发地改变原有意识，整体提高思想认识水平。当然，传承要和创新相结合，可以利用高中生思想活跃、喜欢时尚现代的心理特点，将现代人生活内容与情趣融入其中，如在演唱古浪小曲时由高中生自己编写唱词，增加新内容，体现新时代特色，激发学生学习兴趣，为思想政治教育增加新手段、新途径。

参考文献

一、期刊论文类

1.田再悦，陈恩伦.新时代我国基础教育的矛盾转向及实践探新［J］.内蒙古社会科学（汉文版），2019（3）：1-6.

2.刘晓琳，张立国.当代基础教育教学创新表征及学段特征——项关于教学创新本体性知识的实证研究［J］.电化教育研究，2019（6）：1-9.

3.庄严.以习近平关于教育的重要论述引领新时代基础教育改革与发展论析［J］.教育探索，2019（2）：1-5.

4.左成光.我国基础教育质量研究热点与趋势分析［J］.教育文化论坛，2019（2）：1-7.

5.张倩琳，李晶.中国基础教育的空间差距与空间分异格局研究［J］.现代教育管理，2019（4）：66-71.

6.孙刚成，贺列列.改革开放40年国内基础教育课程演进与反思［J］.课程教学研究，2019（4）：15-21.

7.王璐，王琳琳.社会第三方评估机构如何服务基础教育质量监测——来自香港考试及评核局的经验［J］.教育测量与评价，2019（4）：25-30.

8.陈卫亚.教育现代化背景下的首都基础教育教师队伍建设趋势与策略——首都基础教育人才发展2018年研讨会综述［J］.北京教育学院学报，2019（1）：87-92.

9.崔保师，等.基础教育服务对象满意度实证研究［J］.教育研究，2019（3）：80-89.

10.张墨涵，季诚钧，田京.家长满意度与基础教育均衡发展——基于浙江省的调查与思考［J］.浙江社会科学，2019（3）：146-151.

11.张文楷.谈如何丰富高中生的历史课堂体验［J］.中国校外教育，2019（11）：133-134.

12.井丽娟.农村高中生的心理健康问题分析及对策和建议［J］.中小学心理健康教育，2019（11）：51-53.

13.蒋文丽.高中生运动行为调查分析——以贵州省铜仁市为例［J］.新西部，2019

(8):57-58.

14.周宇.高中生希望对生涯发展的影响：社会支持的中介作用［J］.中小学心理健康教育，2019（10）：10-13.

15.姜小庆，徐雯艳，李旭阳，等.婺源农村高中生非自杀性自伤行为危险因素及其累积效应［J］.中国学校卫生，2018，39（12）：1876-1878.

16.黄仙保.佛山市高中生恋爱、性相关态度与性行为的现状调查研究［J］.中国性科学，2018，27（12）：157-160.

17.张凤玲.高中生压力、心理韧性与焦虑的关系研究［J］.心理月刊，2019，14（2）：23-24.

18.徐雪梅.当前高中生心理健康教育存在的问题与对策［J］.科学咨询（教育科研），2019（3）：9.

19.裴丽萍.试论西部农村高中生体育锻炼与心理健康的关系［J］.田径，2019（5）：38-39.

20.王艳玲.试论社会热点问题在高校思政教育工作中的价值［J］.中国校外教育，2017（18）：12-13.

21.祁双翼，西英俊，马辛.中国人心理健康研究综述［J］.中国健康心理学杂志，2019，27（6）：947-953.

22.吕鹏，张原.青少年“饭圈文化”的社会学视角解读［J］.中国青年研究，2019（5）：64-72.

23.郭亮，王永贵.网络流行语产生、传播流变对青少年主流意识形态认同的影响及启示［J］.思想教育研究，2019（4）：103-107.

24.田丰，康佳.对当下社会“娘炮”现象的社会分析［J］.青年学报，2019（2）：34-41.

25.赵旻旻，梁军平，李荐中.中国社区中的心理健康案例研究——青少年恋爱与抑郁［J］.中国全科医学，2019，22（10）：1247-1250.

26.绳文楷.浅议青少年犯罪的成因与刑法的相关制度［J］.中国校外教育，2019（12）：40-41.

27.张瑶，张庭诺.网络短视频对青少年发展的负效应及其原因探究——以抖音为例［J］.新媒体研究，2019（5）：96-98.

28.冯英子.在校青少年压力影响因子及其应对方式［J］.青少年研究与实践，2019，34（2）：105-112.

29.刘志军，黎姿兰.青少年网络欺负中社会比较现象探究［J］.当代教育理论与实践，2019，11（2）：9-14.

30.刘斌志，张馨月.新世纪我国青少年网络风险研究的回顾与前瞻［J］.北京青年研究，2019，28（2）：44–50.

31. 焦迎娜，陈晓梅. 情境社会学视角下青少年犯罪情境心理探析［J］. 临沂大学学报，2019，41（2）：96–102.

32. 张晓，李龙凤，白柳，等. 父母婚姻质量对青少年行为的影响：父母教养能力感的中介作用［J］. 心理与行为研究，2017，15（2）：240–249.

33. 孙文喜，方建群，刘艳秋，等. 生态移民青少年行为问题及与父母教养方式关系［J］. 中国公共卫生，2017，33（12）：1752–1755.

34. 马建新. 论中国优秀传统文化的家庭德育［J］. 甘肃社会科学，2017（3）.

35. 张俊国. 习近平的家风思想略论［J］. 中共杭州市省委党校学报，2017（4）.

36. 赵蒙成，张玲. 美国女研究生教育的心理问题与教育模式创新［J］. 高校教育管理，2013（2）：81–84.

37. 马晖，马雪林. 社会工作介入流动青少年性教育的实践研究［J］. 教育探索，2016（8）.

38. 陈玉兰，戴艳，吴梦春. 父亲教养参与对小学生心理健康发展的影响［J］. 中国儿童保健杂志，2015，23（12）：1236–1238.

39. 王二亮. 功利主义教育对中学生的危害性探析［J］. 中学政治教学参考，2015（5）.

40. 何健，张丁，孙经，等. 河南省中学生心理健康现况分析［J］. 中国学校卫生，2013，34（3）：310–312.

41. 黄樊. 家庭文化资本对中学生学业发展的现状调查和影响因素分析［J］. 当代教育理论和实践，2013（5）.

42. 田国秀. 广域临床取向的学校社会工作探析——以北京S中学的“问题学生”为目标群体［J］. 华东理工大学学报（社会科学版），2013，28（4）：41–53.

43. 孙丹. 关于青少年不良行为的成因和防治［J］. 社会学研究，2013（1）.

44. 李建桥. 影响中国青少年亚健康相关因素的系统评价［J］. 中国循证医学杂志，2013（13）.

45. 陈传峰. “非主流”中学生的行为表现及心理特征［J］. 湖州师范学院学报，2013（2）.

46. 檀宝生. 大学校园非主流文化发展倾向及引领路径研究［J］. 扬州大学学报（高教研究版），2013（4）

47. 李鹏，吴美娟. 美国心理健康教育工作对我国的启示［J］. 才智，2012（12）：297–298.

48. 姜桂芳. 基于积极心理学的心理健康教育对中学生心理健康的影响［J］. 中国临床心理学杂志，2011，19（6）：838–840.

49.赵昱.美国高校心理咨询机构的发展对我国大学生心理健康教育的启示［J］.北京教育，2011（11）.

50.王婷婷，马和民．国内中学生心理健康量表使用述评［J］.上海教育科研，2010（6）：44-47.

51.朱文学.中学德育中的传统文化资源及其运用［J］．师德与德育，2010（8）.

52.岑国桢.我国青少年主流价值观及其含义、取向［J］.上海师范大学学报（哲学社会科学版），2010（3）.

53.刘佳.美国高校心理疏导研究及对我国的启示［J］.今日南国（理论创新版），2009（7）：70-71.

54.方双虎，姚本先.英美国家学校心理健康教育的发展现状及趋势［J］.外国教育研究，2009（8）：17-23.

55.孙晓青，王道阳.美国学校心理健康教育的进展［J］.中国卫生事业管理，2008（11）：771-774.

56.贺光辉.新时期青少年越轨行为的特点、成因及对策研究［J］.理论月刊，2007.

57.边保旗.美国学校心理辅导的发展历程及启示［J］.教育实践与研究，2001（12）：5-7.

58.欧阳马田.西方越轨社会学研究的历史、现状与趋势［J］.厦门大学学报（哲学社会科学版），2002.

59.师领.21世纪健康新概念——关于WHO健康定义的理解和阐述［A］.中国心理卫生协会大学生心理咨询专业委员会.中国心理卫生协会大学生心理咨询专业委员会全国第七届大学生心理健康教育与心理咨询学术交流会暨专业委员会成立十周年纪念大会论文集［C］.中国心理卫生协会大学生心理咨询专业委员会：中国心理卫生协会，2001.

60.汪茵.生理健康定义和评价［J］.医学与哲学，1983（5）：51.

二、学位论文类

1.秦梦杰.社会热点融入高中思想政治教学探究［D］.开封：河南大学，2018.

2.董佳源.初中性健康教育现状及教学实践研究［D］.呼和浩特：内蒙古师范大学，2018.

3.张辉.健康对中国经济增长的影响研究［D］.北京：首都经济贸易大学，2018.

4.赵云云.快乐书屋对农村留守儿童心理健康水平的干预研究［D］.南昌：南昌大学，2018.

5.曾庆萌.农村大学生家庭环境和心理健康的关系研究［D］.南昌：南昌大学，

2018.

6.沈潇.女作家性别身份焦虑问题研究［D］.西安：陕西师范大学，2018.

7.陈薇.留守高中生逆境信念、领悟社会支持和心理健康关系研究［D］.扬州：扬州大学，2018.

8.李丽萍.思想政治教育视阈下大学生健康成长研究［D］.太原：山西师范大学，2018.

9.李曲然.我国家庭教育对青少年成长的影响因素研究［D］.南昌：江西财经大学，2018.

10.马培.中美高校心理健康教育比较研究［D］.西安：西安理工大学，2018.

11.潘绮.留守儿童监护类型、亲子沟通与心理健康的关系［D］.太原：山西大学，2018.

12.范增丽.家庭环境对青少年心理健康的影响及对策研究［D］.聊城：聊城大学，2015.

13.豆忠臣.课堂提问对初中生数学学业发展影响的实证研究［D］.郑州：河南大学，2018.

14.胡甜甜.家庭社会经济地位与初中生学业成绩的关系研究［D］.扬州：扬州大学，2018.

15.李曲然.我国家庭教育对青少年成长的影响因素研究［D］.南昌：江西财经大学，2018.

16.陈曦.屏幕时间与青少年身心健康关系研究［D］.南京：南京师范大学，2015.

17.鄢隽.初中生人际亲密感与心理健康和学业成绩的关系及其干预研究［D］.上海：上海师范大学，2018.

18.蔡慧青.新生代农民工心理健康问题研究［D］.沈阳：沈阳师范大学，2018.

19.胡平枫.不同年级高中生心理健康比较研究［D］.信阳：信阳师范学院，2018.

20.李彤阳.青少年越轨亚文化对我国思想政治教育的影响及对策［D］.延边：延边大学，2018.

21.卢星辰.父母心理控制与自尊对中学生生命意义感的影响及干预研究［D］.郑州：郑州大学，2018.

22.高悦.青少年身体活动、活动动机与心理幸福感的关系［D］.长春：东北师范大学，2018.

23.闫晨蕾.家庭文化对中学生品德养成的影响研究［D］.西安：西安理工大学，2018.

24.杨志军.黔中大花苗古歌融入青少年德育研究［D］.武汉：中国地质大学，2017.

25. 高冠地. 基于微信平台的高校辅导员思想政治教育话语研究［D］. 上海：华东政法大学，2016.

26. 罗青. 青少年羞怯与网络交往：社会支持系统和情绪的作用［D］. 武汉：华中师范大学，2016.

27. 丁璐. 中学生生命意义感、自我认同感与抑郁的相关研究［D］. 武汉：湖北大学，2016.

28. 董如豹. 社会生态学模型视角下美国和新西兰青少年身体活动促进研究［D］. 福州：福建师范大学，2016.

29. 胡巍. 学生思想政治教育路径研究［D］. 长春：东北师范大学，2015.

30. 卞军凤. 青少年道德取向的差序效应及其影响因素研究［D］. 长沙：湖南师范大学，2015.

31. 范宽宏. 农民工子弟学校青春期女生生理卫生教育的社工介入研究——以贵阳市S学校为例［D］. 贵州：贵州大学，2015.

32. 沈娟娟. 青春期教育的个案工作介入——以苏州吴中区X学校为例［D］. 江苏：苏州大学，2015.

33. 李洁在. 青少年德育生活化的理论建构与实践路径［J］. 徐州：中国矿业大学，2014.

34. 许小兰. 流动青少年的性观念及其影响因素研究——以昆明市C社区为例［D］. 昆明：云南大学，2013.

35. 王蕾. 优势视角下学校社会工作在青少年新型德育教育中的预防策略研究［D］. 上海：华东师范大学，2013.

36. 张果. 当代青少年民族精神培育研究［D］. 重庆：西南大学，2012.

37. 陈凯珍. 中美大学生思想政治教育比较研究［D］. 桂林：广西师范大学，2011.

三、专著类

1. 徐永春. 中国传统文化与思想政治教育［M］. 北京：光明日报出版社，2016.

2. 王琳媛. 解密高校博物馆——全国高校博物馆文化育人发展研究报告［M］. 上海：上海交通大学出版社，2016.

3. 郑奕. 博物馆教育活动研究［M］. 上海：复旦大学出版社，2015.

4. 宋元林. 中国传统文化与思想政治教育研究［M］. 长沙：湖南师范大学出版社，2012.

5. 冉乃彦. 给年轻教师的建议［M］. 上海：华东师范大学出版社，2012.

6. 陈才俊. 中国家训精粹［M］. 福州：海潮出版社，2012.

7. 王继华. 家庭文化学［M］. 北京：人民出版社，2010.

8.姚本先.学校心理健康教育新论［M］.北京：高等教育出版社，2010.

9.聂立清.我国当代主流意识形态认同研究［M］.北京：人民出版社，2010.

10.卢爱新.新时期大学生心理健康教育发展研究［M］.北京：中国社会科学出版社，2008.

11.继亮.大学生心理健康教育读本［M］.北京：高等教育出版社，2007.

12.黄希庭.大学生心理健康与咨询［M］.北京：高等教育出版社，2007.

13.李晓凤.高校心理健康教育模式的理论研究［M］.武汉：武汉大学出版社，2005.

14.沈壮海.思想政治教育的文化视野［M］.北京：人民出版社，2005.

15.马建青.心理卫生与心理咨询论丛［M］.杭州：浙江大学出版社，2004.

16.里克纳.美国家庭教育［M］.喻佑斌，等译.海口：海南出版社，2004.

17.袁明.美国文化与社会十五讲［M］.北京：北京大学出版社，2003.

18.胡凯.大学生心理健康概论［M］.武汉：中南大学出版社，2004.

19.周振想.青少年犯罪学［M］.北京：中国青年出版社，2004.

20.张文新.青少年发展心理学［M］.济南：山东人民出版社，2002.

21.张云.思想政治教育心理学［M］.上海：上海人民出版社，2001.

22.朱永新.中华教育思想研究［M］.南京：江苏教育出版社，1993.

23.陶行知.陶行知全集：第二卷［M］.长沙：湖南教育出版社，1985.

24.张焕庭.西方资产阶级教育论著选［M］.北京：人民教育出版社，1979.

附录

附录1　高中生健康发展影响因素调查问卷

一、个人基本情况

1.性别　□男　□女

2.年级　□高中一年级　□高中二年级　□高中三年级　□高三复读

3.年龄　□18岁以下　□18岁以上

4.学校　□第一中学　□第二中学　□第三中学

二、健康发展状况

附表1-1　高中生健康发展状况调查表

序号	项目	上学前的预期					就读后的实际感知				
		非常重要	重要	一般	不重要	非常不重要	非常好	好	一般	不好	非常不好
1	校园环境	5	4	3	2	1	A	B	C	D	E
2	住宿	5	4	3	2	1	A	B	C	D	E
3	餐饮	5	4	3	2	1	A	B	C	D	E
4	班主任管理关心程度	5	4	3	2	1	A	B	C	D	E
5	课程学习状况	5	4	3	2	1	A	B	C	D	E
6	代课教师素质与关系程度	5	4	3	2	1	A	B	C	D	E
7	业余生活丰富多彩程度	5	4	3	2	1	A	B	C	D	E
8	身体健康情况	5	4	3	2	1	A	B	C	D	E
9	读书期间家庭和谐美满程度	5	4	3	2	1	A	B	C	D	E
10	读书期间学杂费充裕程度	5	4	3	2	1	A	B	C	D	E
11	同学关系	5	4	3	2	1	A	B	C	D	E
12	校园安全与社会治安	5	4	3	2	1	A	B	C	D	E
13	考试或学习成绩	5	4	3	2	1	A	B	C	D	E
14	社会阅历与视野的开阔程度	5	4	3	2	1	A	B	C	D	E
15	研学旅游与社会实践	5	4	3	2	1	A	B	C	D	E
16	社会经济政治文化大环境	5	4	3	2	1	A	B	C	D	E
17	家人亲友文化程度、学识地位与关心程度	5	4	3	2	1	A	B	C	D	E

三、我的满意度

附表 1–2　高中生满意度测评表

序号	我的态度	完全同意	同意	一般	不同意	完全不同意
1	对高中学习与生活感到满意	5	4	3	2	1
2	觉得自己没有虚度青春年华与高中时光	5	4	3	2	1
3	高中阶段的我是幸福的	5	4	3	2	1
4	会为就读学校与高中学习做心得宣传推介	5	4	3	2	1

调查结束，谢谢！

附录2 家庭与高中生心理健康关系调查问卷

一、个人基本情况

1. 性别 □男 □女
2. 年级 □高中一年级 □高中二年级 □高中三年级 □高三复读
3. 家庭成员情况 □三代人 □两代人 □父母离异 □其他
4. 家庭经济条件 □很好 □好 □一般 □不好 □很不好
5. 知心朋友数量 □县城 □乡村 □乡镇
6. 每周运动次数 □班级排名前10名 □班级排名11～20名 □班级排名20～30名 □班级排名30名以后

二、家庭情况

附表2-1 家庭特征调查表

序号	项目	完全同意	同意	一般	不同意	完全不同意
家庭偏好	家人喜欢健身运动	A	B	C	D	E
	家人喜欢音乐舞蹈或书法等艺术	A	B	C	D	E
	家人喜欢谈论政治社会文化等问题	A	B	C	D	E
	家人多谈论钱财收入	A	B	C	D	E
	家人多谈论教育和学生成绩问题	A	B	C	D	E
	家人多谈论一些生活琐事	A	B	C	D	E
家庭关系	家人之间和和睦睦欢欢乐乐	A	B	C	D	E
	家人之间经常吵架闹矛盾	A	B	C	D	E
	家人之间有时争吵	A	B	C	D	E
	家人之间联系很少	A	B	C	D	E
关心程度	家人经常问起学习情况	A	B	C	D	E
	家人很少过问学习情况	A	B	C	D	E
	家人由于学习成绩对我很生气	A	B	C	D	E
	家人由于学习成绩对我很满意	A	B	C	D	E

续表2-1

序号	项目	完全同意	同意	一般	不同意	完全不同意
家庭地位	家人是农民为赚钱到处劳动奔波	A	B	C	D	E
	家人有可观的工资收入	A	B	C	D	E
	家人文化程度较高是知识分子	A	B	C	D	E
	家人是领导干部	A	B	C	D	E
	家人有稳定工资但收入不是很多	A	B	C	D	E

三、我的学习动机

附表2-2　高中生学习动机调查表

序号	我的动机	完全同意	同意	一般	不同意	完全不同意
1	我会主动去学习而不要别人催促	5	4	3	2	1
2	我会利用一切机会和时间学习	5	4	3	2	1
3	我觉得学习是快乐有意义的事情	5	4	3	2	1
4	我觉得考不上好大学对自己非常不利	5	4	3	2	1
5	我觉得考不上好大学对不起家人	5	4	3	2	1
6	我应该在学业成就方面超越家人	5	4	3	2	1
7	我应通过考学改变家庭命运	5	4	3	2	1
8	我想在将来有所作为	5	4	3	2	1

调查结束，谢谢！

附录3　高中生心理健康状况调查问卷

一、个人基本情况

1.性别　□男　□女

2.年级　□高中一年级　□高中二年级　□高中三年级　□高三复读

3.家庭成员情况　□三代人　□两代人　□父母离异　□其他

4.体育运动喜欢程度　□很喜欢　□喜欢　□一般　□不喜欢　□很不喜欢

5.知心朋友数量多少程度　□很多　□多　□一般　□不多　□很少

6.家庭经济条件　□很好　□好　□一般　□不好　□很不好

7.所在学校　□一中　□二中　□三中

二、心理健康状况

附表3-1　心理健康状况调查表

序号	项目	完全同意	同意	一般	不同意	完全不同意
人际交往	我和陌生人或不熟悉的人很少交流	A	B	C	D	E
	我和老师很少交流	A	B	C	D	E
	我和同学很少交流	A	B	C	D	E
	我和异性很少交流	A	B	C	D	E
	我在公共场合不多说话	A	B	C	D	E
社会适应	到新班级后我适应很快	A	B	C	D	E
	到新学校后我适应很快	A	B	C	D	E
	到新居住地后我适应很快	A	B	C	D	E
	身体出现新变化后我适应很快	A	B	C	D	E
个人品质	我对未来充满信心	A	B	C	D	E
	我觉得自己各个方面不错	A	B	C	D	E
	我老感觉自己某事或某些方面没有做好	A	B	C	D	E
	我觉得自己的观点基本准确	A	B	C	D	E
	我对有些人敌对或有过敌对行为	A	B	C	D	E
个人情绪	考试前后很有压力	A	B	C	D	E
	老感觉或有时候郁郁不乐	A	B	C	D	E
	我的情绪不是很稳定	A	B	C	D	E
	我对学习或其他事情提不起来兴趣	A	B	C	D	E

三、整体心理感觉

附表3-2　整体心理感觉调查表

序号	我的评价	完全同意	同意	一般	不同意	完全不同意
1	我对自己生活感到满意	5	4	3	2	1
2	我很幸福	5	4	3	2	1

调查结束，谢谢！

附录4　高中生人际关系状况及对健康发展影响的调查问卷

一、个人基本情况

1. 性别　□男　□女
2. 年级　□高中一年级　□高中二年级　□高中三年级　□高三复读
3. 所在学校　□一中　□二中　□三中
4. 家庭所在地　□县城　□乡村　□乡镇
5. 学习成绩　□班级排名前10名　□班级排名11～20名　□班级排名20～30名　□班级排名30名以后

二、人际关系特征

附表4-1　高中生人际关系特征调查表

要素	项目	完全同意	同意	一般	不同意	完全不同意
家庭关系	我的家人之间很少发生争吵	A	B	C	D	E
	我会把心里话说给家人听	A	B	C	D	E
	家人不会随意批评我骂我	A	B	C	D	E
	我会听取家人给我的建议与意见	A	B	C	D	E
	我在家里感到非常幸福愉快轻松					
师生关系	和老师在一起我很愉快轻松	A	B	C	D	E
	老师经常表扬鼓励我	A	B	C	D	E
	我会把心里话说给老师	A	B	C	D	E
	老师经常在课堂上关心我(如提问题等)	A	B	C	D	E
	我和老师的关系整体特别好	A	B	C	D	E
同学关系	我和同学之间经常交流	A	B	C	D	E
	我没有关系特不好或敌对的同学	A	B	C	D	E
	我有困难时同学们会都来帮助我	A	B	C	D	E
	我有若干个非常知心的朋友	A	B	C	D	E
	我的同学关系整体很和谐	A	B	C	D	E

三、心理特征

附表4-2　高中生心理特征调查表

序号	原因	完全同意	同意	一般	不同意	完全不同意
1	我非常依恋家庭和学校	5	4	3	2	1
2	我在家庭和学校里感到很安全、愉快	5	4	3	2	1
3	我从来不感到闷闷不乐或紧张不安	5	4	3	2	1
4	我没有学习或其他方面的压力	5	4	3	2	1

四、学业特征

附表4-3　高中生学业特征调查表

序号	原因	完全同意	同意	一般	不同意	完全不同意
1	我学习的劲头很足	5	4	3	2	1
2	我在课堂上对老师讲解的内容完全明白	5	4	3	2	1
3	我认为自己的前途会很好	5	4	3	2	1
4	我非常喜欢学习读书与考试	5	4	3	2	1
5	我对自己的学习成绩感到满意	5	4	3	2	1

调查结束，谢谢！

附录5 地域文化对高中生影响的调查问卷

一、个人基本情况

1.性别 □男 □女

2.年级 □高中一年级 □高中二年级 □高中三年级 □高三复读

3.学生类别 □理科 □文科 □体育 □艺术

4.家庭所在地 □县城 □乡村 □乡镇

5.学习成绩 □班级排名前10名 □班级排名11～20名 □班级排名20～30名 □班级排名30名以后

二、地域文化认知程度特征

附表5-1 地域文化认知程度调查表

要素	项目	完全同意	同意	一般	不太同意	完全不同意
对文化的认知	我对西路军历史故事很了解	A	B	C	D	E
	我对古浪县赵燕翼等知名作家的故事作品或“文学与记者现象”很了解	A	B	C	D	E
	我对古浪县的沙尘暴事件很了解	A	B	C	D	E
	我对古浪县的大地震事件很了解	A	B	C	D	E
	我对古浪县发生过的黑社会事件很了解					
	我对古浪各个乡镇的名称及方位很熟悉	A	B	C	D	E
	我对侯殿禄的事迹很了解	A	B	C	D	E
	我对八步沙六老汉的事迹很熟悉	A	B	C	D	E
	我对本学校的历史很熟悉	A	B	C	D	E
	我对古浪县的宝卷小曲等非遗很了解	A	B	C	D	E
	我对黄羊川的“千乡万才”计划很了解	A	B	C	D	E
	我对杨家将、甘州石等民间故事很了解	A	B	C	D	E
	我对古浪县走出去的省级干部名字及故事有很多了解	A	B	C	D	E
	我对古浪县在外地的知名科学家很了解	A	B	C	D	E

续表5-1

要素	项　目	完全同意	同意	一般	不太同意	完全不同意
	我对古浪县走出去的留学生（刘德元等）与知名学者有很多了解	A	B	C	D	E
	我对古浪县走出来的知名企业家有很多了解	A	B	C	D	E
	我对古浪的整体了解很好	A	B	C	D	E

三、地域文化的影响

附表5-2　地域文化影响调查表

要素	项　目	完全同意	同意	一般	不太同意	完全不同意
文化的影响	我觉得古浪县的确人杰地灵	A	B	C	D	E
	我觉得人应该为别人活着或有贡献	A	B	C	D	E
	我觉得古浪县的一些节日传统因为过于陈旧应该废弃	A	B	C	D	E
	我觉得古浪县的民间故事等价值不是很大	A	B	C	D	E
	我觉得古浪县很多传统文化应该得到很好的保护、继承与发展	A	B	C	D	E
	我觉得古浪县是一个不错的地方	A	B	C	D	E
	我觉得古浪人太勤劳太善良太值得书写	A	B	C	D	E
	我觉得古浪县将来会有很多知名人物涌现出来	A	B	C	D	E
	我学会了古浪县人民的勤劳、善良等美德	A	B	C	D	E

四、我的心理特征

附表5-3　心理特征调查表

序号	原因	完全同意	同意	一般	不太同意	完全不同意
1	我非常热爱古浪	5	4	3	2	1
2	我觉得作为古浪人我很自豪	5	4	3	2	1
3	我会向别人主动宣传古浪	5	4	3	2	1
4	我会努力学习报答古浪	5	4	3	2	1
5	我有超越古浪县前人和有所作为的强烈念头	5	4	3	2	1

调查结束，谢谢！

附录6 高中生考试焦虑状况调查问卷

一、个人基本情况

1.性别 □男 □女
2.年级 □高中一年级 □高中二年级 □高中三年级 □高三复读
3.学生类别 □理科 □文科 □体育 □艺术
4.家庭所在地 □县城 □乡村 □乡镇
5.学习成绩 □班级排名前10名 □班级排名11～20名 □班级排名20～30名 □班级排名30名以后
6.考前社交情况 □和老师交流多 □和同学交流多 □和家人交流多 □交流不多

二、考试前后心理生理变化特征

附表6-1 考试前后心理生理变化调查表

项目	完全同意	同意	一般	不同意	完全不同意
手心等部位出汗	A	B	C	D	E
心跳加快	A	B	C	D	E
呼吸加快变粗	A	B	C	D	E
尿频	A	B	C	D	E
失眠	A	B	C	D	E
注意力下降或心不在焉	A	B	C	D	E
本来会做的题做错或不会做	A	B	C	D	E
对答案犹豫不决	A	B	C	D	E
发抖	A	B	C	D	E
肚子等部位疼痛或不舒服	A	B	C	D	E

三、原因

附表6-2　考试焦虑原因调查表

原因	完全同意	同意	一般	不同意	完全不同意
觉得自己没有复习好或准备好	5	4	3	2	1
害怕考不好家人生气或失望	5	4	3	2	1
害怕别人(老师、亲戚等)说自己不行	5	4	3	2	1
觉得身体状态不好(感冒、生理期等)	5	4	3	2	1
害怕自己再一次失败	5	4	3	2	1

调查结束，谢谢！

附录7 作者教学感言

1.教师必须树立自己的权威，否则有再多的学术研究成果与爱心，也会被学生视为无能，使自己处于尴尬和不利地位，给教育教学工作带来被动。

Teachers must establish their own authority, otherwise they will also be regarded as incompetent by students and in an awkward and disadvantaged position with unexpected passivity in education and teaching work even they have much theoretical research achievements and compassion .

2.教学是一种艺术，管理也是一种艺术，只有不断探索，才可以发现其中的规律，使自己单调的教学管理生活变得多姿多彩，使受教育者的生活变得有滋有味，也使教育教学的力量得到彰显。

Teaching is an art, and management is a kind of art, too. Only by constantly exploring can we discover the laws in it, make our monotonous teaching and management life colorful, and make the lives of the educated people interesting. It also shows the power of education and teaching.

3.高中阶段的目标，绝对不可以停留在上个好大学，而是要形成良好的学习习惯，具备良好的行为模式，树立远大的奋斗目标。人的一生很长，但高中阶段的发展有时候会起到决定性作用。

The importance and target of high school should not be having ability to go to study in a good university. Instead, it should be forming good study habits, having good behavior patterns and setting great goals. A person's life is long, the development of high school sometimes plays a decisive role.

4.我们不可以因为今天的成绩不突出、不杰出，而怀疑学生未来的前途与事业。人的发展是多维度的，不一定局限于今天的高考成绩。人的发展有时是难以预料的，世事无常，一个人一生会有许多关键节点，只要他在以后的生活工作中能够抓住这些节点，他们就会以成功者的姿态出现在世人面前。因此，何必以今日成就论英雄呢?

We should not doubt the future and career of our students for their achievements today are not outstanding. Human development is multidimensional, not necessarily limited to today's college entrance examination's results. People's development is sometimes unpredictable.

Things are unpredictable. There will be many key periods in a person’s life. As long as he can catch these points in his later life and work, they will appear in front of the world as a successful person. Therefore, why talk about heroes only according to his today′s achievements?

5.教师的收入是低的，生活是单调的，工作是繁忙劳累的，但教师职业是伟大的、光荣的。当我们把一个后进生转化为一个成功者的时候，我们的内心是幸福的；当毕业很多年的学生说我们是他们的老师时，我们是激动的。教师这个职业带给我们的，是金钱和地位无法衡量的。

Teachers’ income is few, life is monotonous, the work is busy and tired, but the teaching profession is great and glorious. When we transform a student with potentiality into a successful one, we are happy; We are excited when students who have graduated for many years say that we are their teachers. What the profession of teacher brings to us can not be measured by money and status .

6.作为教师，很多人在走向讲台的时候并没有感觉到这份职业的神圣与伟大，但很多人却在离开讲台的时候感到自豪，因为在世界上所有的职业中，有什么职业比教书育人与塑造灵魂更伟大呢？因此，我不会因为没有成为高官而失望，不会因为没有腰缠万贯而不满，我会兢兢业业，看着一批又一批学生像幼苗一样长大成才，然后满足而笑。

As teachers, many people do not feel the sanctity of this profession when they begin teaching in the podium, but many people are proud when they leave the podium, because their is no profession which is greater than teaching and shaping the soul in in the world. Therefore, I will not be disappointed because I have not become a senior official. I will not be dissatisfied for I am not a rich man. I will work hard and watch a group of students grow up like seedlings. Then I will be satisfied and laugh.

7.做教师越久，行为就越谨慎。我时常害怕由于自己一言一行的不当而影响学生的身心健康，更不敢耽误学生的大好前程。没有了责任，教育者就会失去方向和灵魂。

The longer I work as a teacher, the more cautious and scrupulous I will in conduct. I often fear that my words and deeds will affect the students’ physical and mental health, and I do not dare to held up the the students’ great future. Without responsibility, the educator will lose direction and soul.

8.人的价值评定标准不在于从事何种职业，也不在于地位高低，而在于向社会与他人贡献了多少。从事教育二十年，我越发喜欢这个职业，因为我们这个队伍具备社会稀缺的良知、贡献、理解、进取与宽容。如果再给我一次职业选择的机会，我会毫不犹豫地去做教师。

The standard of human’s value is not in profession or status but in contribution to society and others. After 20 years of teaching, I have become more and more fond of this profession because our team has the quality of conscience, contribution, understanding, initiative, and tolerance which is scarce in the society. If I were given another chance to make a career choice, I would not hesitate to become a teacher.

9.塑造一个真正身心健康、人格健全的学生比培养一个高考成绩优异的学生要难上百倍，因此我主张教师一定要培养学生的生活技能与理想追求，一个成绩优异而不懂得感恩，不能够顺应社会需要，不具备基本生活技能，没有一定担当与使命的学生，一定不会是一个货真价实的成功者。而造就这一切的，除了教师还是教师。

It is more difficult to create a student who is physically and mentally healthy and has a sound personality than to cultivate a student who has excellent results in the college entrance examination. Therefore, I advocate that teachers must train students to have life skills and ideal pursuits. Students who do not have basic life skills, can not meet the needs of society, and do not have certain responsibilities and missions will certainly not be a true successful person. And all of this is determined by teachers.

10.一个优秀的教师，应该批评厉如雷，爱心暖如风，学识如海洋，品质如梅花。

An excellent teacher should criticize students severely and give a sharp scolding loud just like a crash of thunder, love and treat them warmly like the wind in spring, be saturated and profound with knowledge like the ocean, and sour is as pure as a plum blossom.

11.面对家长的期望、期待和重托，面对孩子的前程、单纯和青春，我们有什么理由不敬业不爱岗？责任大如天，使命不可丢，唯有如此，我们才可以充满激情地在讲台上激扬陈词，在默默无闻中挥洒汗水。

In the face of parents' expectations, expectations and expectations, and in the face of their children's future, simplicity and youth, what reason do we have for not working hard and not loving our jobs? The duty is so great that we can not live up the mission, only in this way, can we be full of passion in the podium to teach, sweat in obscurity.

12.课堂上的书本教育是抽象的，生活中的个案教育则是形象的，有时候教师看似和书本知识无关的几句话，却可以改变一个学生一辈子。但过多的点播又会激起学生的逆反，因此如何拿捏力度和角度，值得教师仔细体会。

The theoretical education in the classroom is abstract, and the case education in life is theoretical education. Sometimes a teacher can change a student's life by a few words that seem to have nothing to do with the knowledge from books. However, too much demand will arouse the students' rebellion, so how to take the pinch strength and angle is worth of studying by the teachers carefully .

13.理论是抽象的，事实是具象的，课堂教学需要将抽象的理论和具象的事实巧妙结合。可惜，很多思想政治课教师对理论缺少理解，对事实缺少融合，使思想政治课演化成了理论灌输课、道德教育课、考试训练课，教师忙忙碌碌，学生浑浑噩噩。其实，世界上的理都隐藏在具体事件里，教师不需要过度解读，有时候多讲几个故事就够了。

Theory is abstract, facts are concrete, and classroom teaching requires a clever combination of abstract theory and concrete facts. Unfortunately, many ideological and political teachers have shortages of understanding of theory and integration of facts, so that ideological and political courses have evolved into theoretical indoctrination courses, moral education courses, and examination training courses, the result is teachers are busy and students are uninformed. In fact, the laws in the world is hidden in specific events. Teachers do not need to over-interpret it. Sometimes it is enough to tell them some stories.

14.学生有了方向就会确保成功，如同航船有了坐标。教师与其费尽心思交给学生知识，不如使其树立志向和目标。没有目标的奋斗，其实是对生命和时间的浪费。

The student’s goals will ensure success like the ship has coordinates. Students have directions as ships have coordinates. It is better for teachers to set their aspirations and goals than to give their students their knowledge. Striving without an aim is a waste of life and time.

15.新教师有激情，老教师有经验，但如果没有对教育教学规律与人发展之道的深入的探索与思考，激情加经验并无法造就一位好教师。

New teachers have passion and old teachers have experience, but without in-depth exploration and thinking on the laws of education and teaching and the ways of human development, passion and experience will not make a good teacher.

16.发挥比较优势的做法固然值得认可，但规避和转化比较劣势为比较优势更有价值。因为有时候决定成功的往往不是拥有比较优势，而是没有比较劣势。

While the approach of exploiting comparative advantages deserves recognition, it is more valuable to circumvent and transform comparative disadvantages into comparative advantages. For sometimes it is not the comparative advantage but the lack of comparative disadvantage that determines whether the result is success or failure.

17.我更看好看重一些学习成绩一般但内心善良、敢说敢做、有所担当的学生。一个不懂得理解他人疾苦、不敢于拼搏超越、不自信自爱的人，即使获得一时的成功，也不会获得他人发自内心的认可与敬佩。

I prefer to value some students who have average academic performance but have a kind heart, dare to speak up, and have responsibility. A person who does not understand the suffering of others, does not dare to fight beyond, does not have self-confidence and self-esteem, will not be the recognized and admired by others from the heart, even if he is successful for a while.

18. 伴随工作年限的增加，一些教师会出现明显的职业厌倦感、怠慢感，根源在于没有强烈的事业心，没有对教育对象做系统研究的兴趣，没有对人之良心的坚持。一个物欲河流的时代，保持淡泊，保持活力，是教师具备的基本职业素养。

With the increase in the number of years of work, some teachers have a sense of professional fatigue and neglect. The root cause is that there is no strong enterprise, no interest in systematic research on educational objects, and no persistence in human conscience. Nowadays in a world full of material desires, it is the basic professional accomplishment that teachers possess to maintain their indifference to fame and fortune and vitality.

19. 一位教师如果不钻研教育教学，不把学生健康发展作为己任，只是依靠“铁饭碗”赚赚钱养养家，或者得过且过，或者作为跳板另有谋求，是不配被人称为教师的。在我看来，一位教师如果培养不出一批优秀的学生，使所有的家长有所期待，内心应该是饱含愧疚的。

If a teacher does not specialize in education and teaching, and does not regard the healthy development of students as his own responsibility, he only relies on the profession to earn money to support his family, or to muddle through, or to seek other opportunities as a springboard, he is not worthy of being called as a teacher. In my opinion, if a teacher can not bring up a group of excellent students and make all parents have expectations, he should feel ashamed and uneasy.

20. 教师一句简单的认可与表扬，有时会使一个表现平平的学生奇迹般地成为优生；而一句恶毒的批评或讽刺，有时候会就此毁掉一个学生的大好前程与美好心灵。

One simple word of teacher's recognition and praise sometimes will make a mediocre student miraculously become a gifted student; A vicious criticism or satire sometimes can destroy a student's good future and soul.

附录8 各地教育考察与生活杂事有感

参观会宁一中有感

三军会师有欢颜，革命征途不再险。
更赞学子读书志，状元县里百花艳。

邀请武威教学名家马维学老师来校讲学有感

游美归来眼界新，随意挥洒倍感亲。
不羡高官不慕财，奉献高风不求名。

调离古浪三中有感

久居名镇养文气，讲坛耕耘二十年。
如今新赴工作地，牢记初衷再向前。

参观浙江鲁迅中学有感

自古江南多才子，大领风骚有奇迹。
西北亦有奋斗志，均衡发展一盘棋。

古浪一中重游有感

当年祁连雪漫天，同学读书不知寒。
劝君更立凌云志，建设国家不虚谈。

与毕业班学生合影感言

三载耕耘桃李艳，姹紫嫣红吐奇香。
待学有成回乡日，皆为栋梁意气扬。

2001 年街头偶遇久违高中同学有感

十年不见弹指间，梦里清晰有笑谈。
如今聚首恨时短，把酒联欢谊绵绵。

2003 年参加同学聚会有感

地北天南今相见，意气少年不再显。
同窗之情金难换，唯愿万事遂心愿。

和同事交流高中生诸事有感

有信人生几十年，纯真阶段最关键。
强者立志兴国家，不可蹉跎负容颜。

劝潜力生学习有感

漫漫一生多挑战，迷途走失堪可叹。
韶华易逝似水流，少年奋斗老无憾。

惊闻某地高中生自杀有感

生死转念一瞬间，父母泪飞谁可怜？
教育责任大如天，关爱排难祸端远。

惊闻某大学校长被抓有感

学高则仕当珍惜，大学非为纳垢地。
吾辈不羡财与禄，乐育桃李多喜事。

附录9　高中阶段如何过？

——过来人之言

要发现自己。高中阶段，一个人的心智基本成熟，究竟想做什么，或者说喜欢哪个学科，在哪个领域有无特长天赋，需要去发现和尝试，需要在这三年中加以辨析，也为大学具体的细分学习做准备。

——汪泉，甘肃古浪人，毕业于兰州大学新闻学专业，甘肃省知名作家。代表作有《枯湖》《白骆驼》《家雀》等。获得梁斌小说奖等奖项。

目标远大、志向不移，是成功成才的必要条件。

——张辉林，甘肃古浪人，中学语文学科高级教师，长期担任古浪一中政教主任。

对高中生来说，自主学习的意识和能力最要紧。

——马维学，甘肃古浪人，先后任教于甘肃省古浪县第一中学、武威第一中学，特级教师。多次游历美国，在各级各类刊物上发表学术论文多篇；擅长文学创作，著有专著《英语长短句解析》。

中学阶段必须要做好的事情，笼统地说就是看中学生守则，或是一日常规四十条；概括地说就是培养兴趣，养成习惯，学习方法，发展潜力，身体健康，心理强大。

——崔国栋，甘肃古浪人，任教于武威第一中学，高级教师。在各级各类刊物上发表学术论文多篇；擅长文学创作。

高中阶段的确是人一生当中承上启下的关键阶段。首先是做一个身心健康的人。做不到每天也至少每个星期一定要抽时间出来锻炼身体，因为身体是革命的本钱；交几个知心朋友，你高中的朋友很可能就是你将来事业和生活的一部分；心态一定要阳光，我们确实活得艰难，要承受种种外部的压力，更要面对自己内心的困惑，但请你相信：人在还能承受的范围内多受点磨难将是你一生的财富，无论你正在经历的是物质的贫穷还是精神的困扰。其次是做一个学习品质良好的人。永远不要嘲笑任何一位任课老师，因为每一个人身上都具有别人不能企及且不可取代的优点，更何况是你的老师，要不然总有一天现实会让你付出代价。读书是门槛最低的高贵之举，读书也是人最好的修行，尽可能地多读点儿书。一定要写一笔好字，英语一定要学好。第三就是做一个目光深远的人。目光看多远你就能走多远，要相信自己，任何时候只要你决定刻苦努力都为时不晚，蕴藏在我们每个人身上的潜力真的大得惊人。如果你没有珍惜高中这三年，你一定会抱憾终生。

——唐志强，甘肃古浪人，经济学博士，教授，硕士研究生导师（西安工业大学兼职），中国区域科学协会理事。现任河西学院教学评估督导处处长，经济管理学院教授，甘肃省“飞天学者”，甘肃省高校“青年教师成才奖”获得者，河西学院第五届“教学名师”，“祁连学术带头人”。先后赴美国、日本进行学术交流与考察。主持完成国家社科基金等教学科研项目13项。出版专著2部，发表学术论文60余篇。获得省委省政府科研奖励3项，张掖市委、市政府及甘肃省教育厅等地厅级奖励12次，现主要从事区域经济、产业经济、生态经济教学科研工作。

高中阶段要做到严、实、活，即严格要求自己，扎实学习课程，灵活运用知识。

——李军，甘肃古浪人，西北民族大学民族学硕士，兰州大学民族学博士，曾任教于古浪三中，现在北方民族大学任教。

自信会成就孩子的一生，乐观让未来的人生充满灿烂的阳光。作为家长和老师既要积极引导孩子去培养这些成功的能力和品质，又要引导他们快乐地学习，健康地成长！士不可以不弘毅，任重而道远。作为一个高中生，应该树立远大的目标，走路要看心，不要看脚，心有多远，路就能走多远！

——刘玉中，甘肃古浪人，甘肃民族师范学院副教授，西北民族大学博士在读，研究方向为民族民俗文化与汉语言文学。

我觉得高中阶段要做好三件事情：一是不要偏科。我当年数学不好，高考数学成绩30多分，完全是依靠选择题所得；这样的成绩态势自然是上不了好大学，还留下一些后遗症，博士毕业后的一段时间内做梦参加高考，梦到数学题不会做，内心焦急异常……二是学会独立生活。我们很多人受到父母和家庭的溺爱，不洗衣服，不做饭，长期下去会形成惯性，导致生活能力低下，对自身发展形成制约。三是学会观察社会，了解人性，善于交际。这方面我的欠缺很明显。我时常想，如果在高中阶段有教师加以点播，或者做点指导，我高中毕业之后的发展也许会大不同。过来人直言，希望对古浪县就读的高中生有所启迪。

——窦开龙，甘肃古浪人，1996年毕业于河西学院外语系，兰州大学博士，陕师大地理学博士后，四川大学经济学博士后，北京大学高级访问学者，研究员。现为兰州财经大学教师。

任何时候，掌握学习的能力比掌握具体的知识重要。坚持对知识主动的追求、获取跟提炼，比被动接受外界的灌输要重要。

——刘应檀，古浪三中2006级毕业生，当年古浪县高考文科状元，毕业于复旦大学，硕士研究生，现在上海工作。

附录10 班主任工作论文之一

——《以“班级自治”促进学生全面发展》

高中生生理、心理出现成人化特点，民主意识趋于增强，判断是非的能力不断提高，因此可以实施“班级自治”，以有效帮助学生树立集体主义思想，实现个性化发展，化解心理问题。“班级自治”符合教育规律，符合班主任创新需求，也是广大学生全面健康发展的内在要求。如何实施班级自治，理应成为班主任认真思考、探索、研究的课题。本文就此问题做粗浅探讨。

一、班级自治的意义

1.有利于促进学生主动、全面发展，落实以人为本发展理念

班级自治尊重学生尊严，理解学生要求，关怀学生精神，信任学生能力，为学生扮演各种社会角色提供舞台。这体现了以人为本的理念，有利于促进学生形成正确的世界观、人生观、价值观、荣辱观，有利于学生自主管理、自主发展，能够在班级生活中充分发挥和培养学生的积极性、主动性、创造性，可以较大限度地培养学生的责任感和激发学生的主体参与意识，从而提高学生思想道德，养成文明习惯，形成实践能力，最终促进学生主动、全面、和谐发展。

2.有利于创建健康、科学、团结、协作的班集体，树立集体主义的价值观

班级自治有校纪校规、班规班约为据，防止了管理的粗放性、随意性，体现了科学性、系统性、集约性。没有竞争就没有活力，无序竞争则会导致混乱。班级自治有章可循，有“法”可依，班内不同自管小组、学生个体之间的良性竞争，必然促进学生的大局意识、整体观念和团队精神，而且有利于形成合力，促进良好班风形成。

3.有利于形成新型的师生关系，真正走进学生心灵

班级自治中班主任是“顾问”的角色，跳出班级管班级，能让班主任站得更高、看得更远、想得更多，真正发挥班级的组织者、引导者、管理者的作用，主导作用会更充分地发挥，把应当由学生做的事、学生能做的事、学生暂时不能做但经指导后会做的事交给学生去做，班主任用更多的时间和精力去关怀学生的精神生活、促进学生的精神成长，班主任形象将会更加高大，在学生心目中的地位会更重要，对学生的影响会更深刻。学生在感情上更易于接受转变角色的后班主任，在思想上更易于理解班

主任的工作，这对于形成以平等、宽容和关爱为基础的新型师生关系，十分重要。

二、班级自治的原则

1.班主任主导作用和学生主体作用相结合

班级自治不是学生完全自治。班级管理和学生教育必须贯彻党和国家的教育方针，必须落实学校的办学理念、管理要求和大政方针。因此，班主任必须充分发挥引导、协调作用，做班级自治的设计师、引路人。班级自治只有在班主任的主导下，充分调动学生的主动性和积极性，提高学生在班级管理和建设方面的热情，使学生充分行使主人翁的权利，履行主人翁的义务，才能成功。

2.学生民主和班主任集中相结合

没有民主的班级自治就没有前进的动力。班级自治的不竭动力就是学生自主管理、自主发展的愿望和要求，因此班级自治必须尊重学生的意愿和心声，满足学生参与班级发展的决策、执行等方面的请求，让班内学生、组织的意见和建议得到充分表达。但民主不是乱嚷一气，各行其是，班主任必须把握大局和方向，善于抓本质、抓主流，集中正确的意见和要求，做出合理决策。

3.坚持执行校纪校规和充分凸显班主任特色相结合

班级自治不是抛开校纪校规“另起炉灶”。班主任理应追求富有个人风格和符合本班实际的班级管理特色，但前提是不折不扣地执行学校的大政方针、校纪校规。全校各班应有的共性是执行学校普遍应遵循的规章制度，离开这个大前提搞自治，就会误入歧途。只有在此基础上，充分发挥班主任的才艺，挖掘班级潜能，形成有特色的班集体，才是真正的自治。

4.稳定性、连续性、科学性与灵活性相结合

班级自治要确定目标，制定制度，建立机制，成立组织。目标、制度、机制、组织要具有相对的稳定性和时间、内容上的连续性，不能朝令夕改，否则就会让学生无所适从，破坏班主任的权威，挫伤学生的积极性。但一切主观的东西也应随客观实际的变化而变化，尤其是不切实际的目标、违背规律的制度、效率低下的机制、可有可无的组织，应在尊重学生、尊重规律的基础上，灵活地进行修改完善。

二、班级自治的主要内容和活动

班级自治的主要内容和相关自治活动（载体）主要应包括两大类，一类是针对班级的学生自主管理活动，另一类是针对学生个体的自主管理活动。

1.针对班级的自主管理活动

主要的内容和活动至少应有以下10个方面：（1）制定班规班约和发展计划。这一活动一般在每学期开始阶段，重大节日（体育节、艺术节）庆典活动前后也可以进行。

（2）班级日志、班主任工作日志填写。除上交学校的日志外，班级可自制班级日志。班级日志可分为课堂情况、两操一活动、师生交往、偶发事件等栏目。（3）纪律、安全督查。主要对教学区内对本班学生违纪情况进行记载、纠正，对本班学生存在的安全问题进行记载、纠正。（4）卫生督查。主要对教学区内本班教室、环境卫生情况进行记载、纠正。（5）公寓生活督查。针对公寓住校生的食宿、纪律、卫生情况进行记载、纠正。（6）公物保护。检查桌凳、墙壁、卫生工具、门窗、灯具及其他公共物品的保护情况。（7）主题班会活动。班主任根据《德育实践工程》确定主题，以学生为主体开展。（8）文体系列活动。可根据学生的个性特点和兴趣爱好，开展文艺（唱红歌）、体育等各类竞赛活动。（9）教室美化布置。定期美化教室，按时更换板报内容。（10）班费收支情况通报。定期向全体同学公布班费收支情况。

2.针对学生个体的自主管理活动

主要的内容和活动包括如下6个方面：（1）建立自我成长档案。学生把自己学习、生活中的大事和感受记录下来，并进行定期自我反省和总结，档案小组或班干部检查。（2）操行自评。学期结束，操行评语评定的程序是：本人先写初稿，再进行小组交流，听取常委会、组长意见，最后由班主任综合做出评定。（3）日常行为量化评定。将学生的学习、纪律、劳动等方面按等级给分，每日公布，周清月结，让学生时刻自我鞭策、主动进步。（4）班干部竞选和述职。班干部民主选择是班级自治的关键环节，班干部的选拔上应充分尊重学生意见。为了培养学生干部的公仆意识、参与意识和自主管理的能力，可以定期组织他们在书面准备的基础上进行一定范围内的述职，主要请他们说明自主工作的成绩、问题和改进措施。（5）优点自述活动。针对部分学生在紧张激烈的学习竞争与自主管理中信心不足、畏难情绪严重的情况，班主任可以引导学生组织“优点自述”活动。（6）帮扶救助活动。针对学生的缺点、错误，让学生自主开展帮助纠正活动。

四、班级自治的机制

班级自治可选择多种机制，不应统一要求，但比较适合的机制为“分项承包、三位一体”机制。

分项承包、“三位一体”指根据班务工作的需要和责、权、利统一的原则，在班上设立三类管理岗位：班委会、自管小组、监事会。班委会主要负责决策；自管小组分别管学习、纪律、卫生、公物、档案、日志、宣传、公寓、班会、文体活动等；监事会主要负责监督、评价班委会、自管小组组长与副组长、班费开支、量化考核等工作。班委会、监事会成员、自管小组组长与副组长按一定期限采取竞选、轮换制。对于潜能未被充分开发而暂时后进的学生，可以放宽条件聘请他们承担一些职务。这一机制是按照决策、执行、监督三权分立原则将班级事务承包于三类管理机构，决策统一，关系协调，便于分工合作，利于提高效率，能较好地吸引和促进全体学生在主动参与自主管理的过程中提高自治自律水平，形成有特色的班级文化，提高班级建设的水平。

班级管理的最高境界就是学生自我管理，教育的根本目的不是为了管住学生，而是帮助学生学会自我管理。只有激发学生进行自我教育，才是真正的教育。自我教育能力越强就越有利于提高学生自身综合素质，其生存和发展能力就能越强，当然，班主任也就越轻松。

（注：本文刊发于《甘肃教育》，略有修改。）

后 记

写完专著最后一个字，已经是2019年的夏天了。从两年前酝酿策划，到一年前积极着手写作提纲、四处查阅资料、请教专家，再到现在付梓出版，期间付出的艰辛和努力，只有自己可知。但其中的故事，我还想和读者分享。

时光荏苒，我的高中时代已经去过二十八个年头，但年少时期的一切似乎就在昨天，那么清晰，那么触手可及。我忘不了开学报到时的惴惴不安与懵懵懂懂，忘不了参加运动会时同学们的呐喊助威与真诚关心，忘不了严寒冬季大家烤火取暖与交流学业的美好场景，忘不了全班去黄羊川旅游观光时的激动好奇，忘不了高考前的挑灯夜战与摸底考试，忘不了课堂上代课老师的谆谆教诲与仔细讲解，忘不了拍毕业照时的依依不舍与喜悦欢快。俱往矣，我将把这些珍藏在心间，慢慢回味。

二十多年过去，国家迅速崛起，社会深刻变迁，教育不断发展，高中生生活与发展的环境发生重大变化：二十八年前，我们不知道网络手机为何物，现在的高中生则享受着信息时代的便捷便利，但也面临着不良信息的侵扰；二十八年前，我们面临的是千军万马过独木桥的高考比赛，许多同学不幸落榜回乡寻找新的出路，现在的高中生则在扩招的机遇下有了更多的选择与发展空间，出国留学、自主招生给予他们更多的机会与平台；二十八年前，我们的宿舍没有暖气，取暖依靠的是土炉子，夜间特别寒冷，现在的高中生则住宿在宽敞明亮的楼房内，无须考虑取暖问题；二十八年前，我们的家长无法给我们宽裕的零钱消费，而现在的中国正在全面走向小康社会，高中生享受着改革开放带来的极大丰富物质，但也面临意志、志向的考验。这一切，都需要我们教育工作者加以关注，进行研究。

二十多年过去，我工作的地点变换了好几次，我面临的学生转换了很多批，我看到了很多优秀学子走向高校成为国家栋梁，我也看到一些学子发生不良行为甚至酿下悲剧：有的为了爱情耽误学业，甚至付出惨重的生命代价；有的由于一时冲动打架犯罪，走向监牢；有的由于家庭原因学业受到巨大影响；有的由于沉迷于网络游戏和成绩下滑使父母伤心不已；有的由于基础较差为前途担忧发愁；有的由于心理脆弱禁不住别人批评而跳楼自杀。他们的发展牵挂着我们的神经，他们的成长启迪着我们的思考。作为教育工作者，我们倍感责任重大，使命光荣。这也使我逐渐形成开展系统研究的动机，我暗下决心，一定要写出一本专著，把自己平时的思考、观察用文字表述，对自己二十年教学生涯中的经验与探索给予简短总结，用于指导今后的实际工作，也为他人工作提供借鉴。今天，这项工作终于完成了，如果能够对读者有一点启发，我就感到心满意足矣！

我要感谢我的爱人徐金环女士。自结婚以来，她对我支持有加，负责孩子学习与家务劳动，为家庭付出了很多。这次又在我教学研究工作中给予了理解与大力支持，承担了一切家务，及时帮我化解心理压力，还给予思路上的启发，使我增强了信心。在此，我要对爱妻说声："辛苦了，我的爱人！"

感谢本单位领导和同事。古浪二中校长李能杰同志在学校教育教学管理中举重若轻，营造了很好的研究探讨氛围；各位同事，尤其是各位班主任，积极支持我举办"后进生转化发展研讨会暨经验交流会"，撰写稿件，参与发言，为我专著提供了很好的个案；古浪一中李振宙、古浪二中周兴军、古浪三中胡乐年等老师为我开展问卷调查给予了热情帮助。没有他们的支持，我的工作会艰苦得多。在此我要说声：谢谢你们，我的好领导、好同事！

感谢我小学、初中和高中时期的各位老师。你们兢兢业业，给予了我知识，使我成了一名高中教师，为我今天著书立说奠定了基础；你们对教育事业的无私投入，对工作的严格要求，也对我形成潜移默化的影响，使我受益匪浅。

感谢兰州财经大学窦开龙博士。我们在高中与大学阶段都是关系很好的同学，大学毕业后虽然从事工作不同，所学专业不同，阅历不同，但我们对教育教学的热爱一致，我们对青少年健康发展的探讨一直保持不断，有时候在深夜还保持电话互动，为一个教育教学现象或理论问题激烈商榷。他积极提议和鼓励我撰写专著，将多年的教学与管理经验转化为文字，并且在理论框架搭建、文字分析和数据分析方面给予大力支持，还逐字逐句做了修改完善。他的跨学科研究方法，他对教育现象的分析，都使我受益匪浅，视野得到开阔，认识得到提高。没有他的帮助，我完成专著的时间至少要延迟很多年，我还要再付出更多的时间和精力。在此，我要说声："感谢你，老同学！"

感谢我的学生。是你们给了我激情工作的动力，是你们使我学会了宽容与理解，是你们使我对教育教学规律有了具体认知与深刻领悟，是你们使我懂得了教育职业的不平凡，也是你们在高中毕业后给了我友情、真情与支持。在此，我要对你们表示感谢，并对教学管理中曾经存在的不足表示歉意。

我还要感谢的人很多，如河西学院唐志强教授、北方民族大学李军博士、著名作家汪泉先生等，他们在访谈等工作中给了我很多支持。在此，一并表示感谢。

最后要感谢出版社的同志。他们积极策划选题，认真负责编辑和校对，一丝不苟，严格要求，力求打造精品，对一个标点符号的错误都不放过，这样的敬业精神叫我感动。在此，我要说声："你们辛苦了，谢谢！"

专著的完成，离不开古浪县教育的发展。我出生在这块热土，工作在这块热土，古浪的山山水水激发着我的激情，古浪的改革发展启发着我的思考，古浪教育事业的跨越式进步激励着我努力探索。每次我面临困难困惑之时，我就走出校园，来到田野，来到街区，来到集市，来到公园，顿时感到心旷神怡，烦恼瞬间消失，思路更加流畅清晰，心中有了动力。专著完成后，我会一如既往热爱教育事业，热爱我的学生，为家乡教育尽职尽责。

由于我学识有限，长期工作在基础教育部门，对相关前沿问题了解不够，加之工作压力大，时间紧张，专著虽然问世，但内容难免有所疏漏与不足，我真诚希望各位领导、专家学者、家长、学生与读者朋友们给予宽容，敬请各位读者批评指正，我会虚心接受，不断完善。

是为后记，以抒情怀。

2019年5月19日于古浪县历史文化名镇土门